DER
HANDLESER

Ein Handlese-Lernbuch
von

Ashlati El Fantadu
(Bernd Kreuzer)

IRIS

Bücher haben feste Preise.
1. Auflage 2012

Ashlati El Fantadu / Bernd Kreuzer
Der Handleser

© Bernd Kreuzer / Neue Erde GmbH 2012
Alle Rechte vorbehalten.

Titelseite:
Foto: emin kuliyev/shutterstock.com
Gestaltung: Dragon Design, GB

Lektorat: Gudrun Apel und Andreas Lentz

Satz und Gestaltung:
Dragon Design, GB
Gesetzt aus der Thule Roman

Gesamtherstellung: Scandinavian Books, Bremen
Printed in Germany

ISBN 978-3-89060-617-0

IRIS ist ein Imprint bei NEUE ERDE.

NEUE ERDE GmbH
Cecilienstr. 29 · 66111 Saarbrücken
Deutschland · Planet Erde
www.neue-erde.de

Schon Aristoteles sagte vor über 2300 Jahren:
»ΑΝΑΛΟΓΑ ΜΕ ΤΟΝ ΑΝΘΡΩΠΟ ΚΑΙ Η ΠΑΛΑΜΗ ΤΟU«

zu deutsch:

»Wie die Hand, so der Mensch.«
...und ich kann ihm nur beipflichten, er hatte recht.

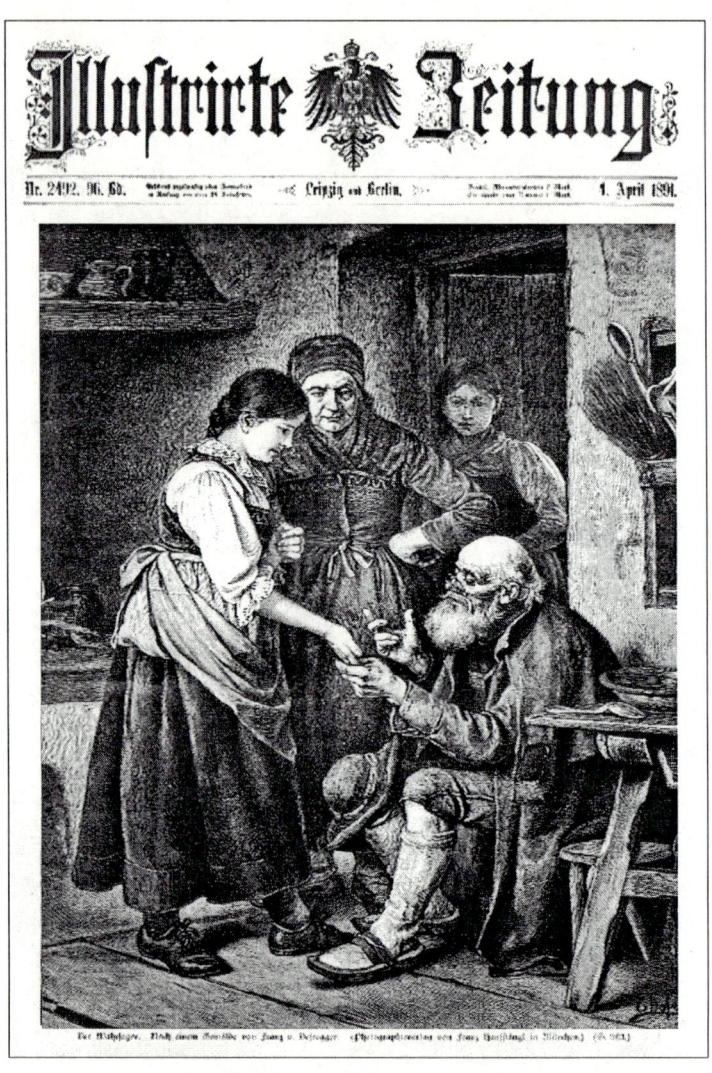

Titelbild einer Zeitung von 1891.
Bild von Franz von Defregger, gemalt 1887.

Hände können nicht lügen!

Das Deuten ist nicht einfach,
  doch das Erinnern ist manchmal noch schwerer.

Lieber Leser,

ich lege dir hiermit meine über 40-jährige Erfahrung als geübter Handleser, geprüfter Tarot-Philosoph und sensitiver Lebensberater in Form dieses Buches in deine Hände.

Das Handlesen ist eine Jahrtausende alte Kunst, die, wie das Kartenlegen, nichts mit Okkultismus zu tun hat. In deiner Hand ist dein ganzes Leben als Erinnerung dokumentiert. Als persönliche Erinnerung an deine Vergangenheit, Gegenwart und auch an deine Zukunft.

Weil Handlesen etwas sehr Persönliches ist, werde ich Dich, wenn es Dir recht ist, wie in meinen anderen Büchern auch hier duzen.

Am Ende des Buches können wir uns ja wieder siezen, muß aber nicht sein.

Ashlati El Fantadu / Bernd G. Kreuzer

INHALT

Einführung

Im Unterschied zum Kartenlegen, das ich seit über vierzig Jahren betreibe, wo der lebendige Zufall beim Mischen und das Unterbewußtsein beim Ziehen der jeweiligen Karten wichtig für die Deutung des jetzigen Lebensabschnittes sind, sind deine Handlinien etwas sehr Persönliches. Beim Befragen der Wahrsagekarten überschaust du einen Zeitraum von höchstens einem Jahr und nicht das ganze Leben. (Näheres dazu erfährst du in meinem Buch: **Tarot – Das offene Geheimnis,** siehe Anhang.)

Die Hand und ihre Linien dagegen sind ein Charakterspiegel und individuelles Lebensabbild deiner eigenen Erfahrungen und Erwartungen. (Unmittelbares Tagesgeschehen ist aber selten sichtbar.) Sie sind wie ein eingravierter Lebensplan ihres jeweiligen Trägers und das über einen längeren Zeitraum,* nicht aber für jeden Tag.

Wir erben von unseren Eltern nicht nur die Augenfarbe, den Charakter und den Namen, wir erwerben so auch die individuellen familiären Verhaltensmuster, die sich auch in unseren Handlinien wiederfinden. Ein Kind, das seine Mutter bei einer Beratung begleitete, sagte einmal: »Aber da sind ja gar keine Buchstaben in der Hand. Wieso kann der Mann da etwas lesen?«

---

* Oft sogar für das ganze Leben.

Die Chiromantik

Die Chiromantik (Handlesekunst)
gliedert sich in Chirologie (Charakterdeutung)
und Chiromantie (Schicksalsdeutung).

Die **Chirologie** als Lehre von der Hand ist von jedem, der lernen will, erlernbar. Die Kunst dabei ist, aus der Form, Farbe und Festigkeit von beiden Händen (außen und innen) Schlüsse zu ziehen und diese mit den aktuellen individuellen Signalen, die der Klient aussendet, zu verbinden. Das ganze wird kombiniert mit der Erfahrung und den Möglichkeiten des »alten« gesammelten Wissen. (Ganz schön viel auf einmal!)

Die **Chiromantie** als Zusammenspiel von Zeichen und Symbolen der Innenhand ist dagegen die »Begabung als Wahrsagekunst aus den Händen zwischen den Linien zu lesen« und nicht wirklich erlernbar.

Es gibt also zwei verschiedene Möglichkeiten, die unterschiedlichen Linien und Proportionen einer Hand zu deuten, und man kann auch beides kombinieren. Bei meinen Beratungen bevorzuge ich bewußt eine Mischung von beiden Möglichkeiten.

Eine Frage, die mich schon seit vielen Jahren fasziniert, ist: Wieso können in der Hand heute Dinge von gestern, morgen und übermorgen sichtbar sein?

Wieso erfüllen sich die Zeichen in meiner Hand oft eins zu eins in meinem späteren Leben? Und warum ist das »Aktuelle« und das »Heute« oft nicht eindeutig zu finden?

Ein Beispiel: In meiner Hand sind schon seit ewigen Zeiten die Zeichen geschrieben, daß ich für 4 ½ Kinder die Verantwortung tragen werde. Weil ich aber unfruchtbar bin, blieb mir und meiner Frau nur die Möglichkeit, Kinder durch Adoption in unsere Familie zu holen. Das sind durch Zufall (?) 4 ½ Kinder geworden. Heute gibt es schon fünf Enkelkinder und einen Urenkel.

Ich habe mir angewöhnt nicht mehr zu fragen, wieso, warum, weshalb...

Die Rückmeldung meiner vielen Kunden gibt mir die Gewißheit, daß, neben dem Kartenlegen, das Handlesen eine der vielen Möglichkeiten ist, die Menschen auf ihre ganz persönliche Zukunft vorzubereiten oder, was manchmal noch wichtiger ist, sie mit ihrer privaten Vergangenheit auszusöhnen.

Meine ersten Erfahrungen mit dem Handlesen

Bei den Recherchen zu diesem Buch habe ich natürlich auch darüber nachgedacht, wann ich das erste Mal mit dem »Handlesen« in Berührung gekommen bin. Damals, als Kind von etwa zehn Jahren, saß ich mit meiner Mutter bei Horten in Essen im Restaurant, als sich eine Frau zu uns setzte.

Diese Frau, eine Zigeunerin, hatte wohl einen Instinkt für Menschen, die Probleme haben. Meine Mutter wußte damals schon länger, daß ihr Mann, mein Stiefvater, an einer Leberzirrhose lebensgefährlich erkrankt war. Was diese Frau meiner Mutter gesagt hat, weiß ich nicht mehr.

Ich erinnere mich aber daran, daß diese Frau auch in meine Hand schaute und sinngemäß sagte: »Der Junge wird's im Leben mal schwer haben. – Der ist zu sensibel fürs Leben… Der wird die Welt sehen und weit herumkommen… Der wird erst spät erwachsen.« Soweit die Erinnerung an dieses Gespräch. Das ist jetzt über 50 Jahre her.

Eine zweite bewußte Begegnung mit dem Handlesen hatte ich erst wieder im Jahre 1985; diesmal in einem Einkaufszentrum. Bei einer großen Aktion (»Die Sterne stehen günstig") zwischen den Jahren 1985 und 1986 im Altenessener Einkaufszentrum, wo ich mal wieder als »Kinderwahrsager« im Zelt für eine Woche engagiert war, fragte der Manager, ob ich nicht auch etwas für Erwachsene hätte.

Es war die »HÖR ZU«, die mir aus der Verlegenheit half. Es gab damals in der Zeitung die »Jahreshoroskope«. Diese schnitt ich aus, klebte sie auf Goldpapier und hatte auf einmal zwölf Tierkreiszeichen und jedes Mal drei Dekaden, das ergab zusammen 36 Aussagen. Außerdem hatte ich für jeden Kunden noch eine persönliche Deutung seines speziellen Horoskops parat. Damals entdeckte ich mein Talent, zwischen den Zeilen zu lesen und zu deuten.

Auf dieser Veranstaltung erlernte ich das Handlesen innerhalb kürzester Zeit. Und das geschah so: Am zweiten Tag dieser Veranstaltung kam ein mir damals unbekannter Mann auf mich zu und fragte mich, wie ich es anstellte, daß die Kunden wie verzaubert aus meinem Zelt herauskamen. Ich zeigte ihm meine Zauberkugel, las und deutete sein Horoskop, worauf er mir sagte, daß ich sehr sensibel sei und bestimmt auch ein Talent zum Handlesen hätte.

Ich fragte, was das denn sei? (Als junger Seemann hatte ich mit 18 Jahren Handleser in Malaysia, China und Japan gesehen, mich aber nicht dafür interessiert.) Dieser fremde Mann erklärte mir innerhalb kurzer Zeit das Handlesen und worauf ich beim Deuten zu achten hätte und meinte, ich sollte doch einfach anfangen.

Kurz danach kam eine Frau von 72 Jahren, um sich den Zaubertrick anzusehen, mit ihrem Enkel in mein Zelt. Ich fragte sie, ob ich einmal ihre Hand lesen dürfte.

Sie reichte mir diese vertrauensvoll. Sie wußte ja nicht, daß es die erste Hand in meinem Leben war, die ich »lesen« durfte. Ich erzählte ihr sehr individuelle private Dinge und beschrieb Lebenssituationen und Verdrängtes, als ob ich mein Lebtag nichts anderes gemacht hätte.

Als ich fertig war, sagte sie: »Jung, du kennst mich, du wußtest, daß ich komme. Du hast mich ausspioniert. Das habe ich noch niemandem erzählt. Woher weißt du das alles?« (Sie wußte nicht, daß sie meine erste Kundin war, der ich aus der Hand las.)

Ich war erstaunter als sie! – Mein Lehrer, der sich die ganze Zeit im Hintergrund hielt (es gibt Menschen, die können sich so zurücknehmen,

Handleser auf einer Jahrmarktsfront

daß sie unsichtbar werden), war wohl sehr zufrieden mit mir, und meinte, ich würde meinen Weg schon machen, ging und war fürs erste unbekannt verschwunden.

Heute weiß ich, es war der international bekannte Magier »Horstelli«.

An diesem Tag habe ich, neben meinem normalen Programm, noch vier oder fünf weiteren Gästen aus der Hand gelesen und konnte nicht begreifen, was da alles mit mir geschah. In der folgenden Nacht ging ich nach den Aussagen meiner damaligen Frau aufgeregt im Bett auf und ab. Ich konnte und wollte mir nicht vorstellen, daß ich wirklich Handlesen konnte. Schweißgebadet faßte ich den Entschluß:

»Nie wieder!!« – Aber es kam alles ganz anders.

Am nächsten Tag ging ich wieder ins Einkaufszentrum, um meinen Kugeltrick und meine Horoskope zu präsentieren. Es muß sich wohl sehr schnell herumgesprochen haben, daß ich auch Handlesen kann, denn die Menschen standen schon Schlange vor meinem kleinen Zelt, um sich von mir die Geheimnisse ihres Lebens aus ihrer Hand deuten zu lassen. Damit ich mich um die vielen Gäste kümmern konnte, mußte ich für den Rest der Woche einen zweiten Wahrsage-Zauberer engagieren, denn mein Publikum erwartete schon damals mehr von mir, als nur ein Kinderwahrsager und Horoskopdeuter zu sein.

In diesem Jahr habe ich wohl noch einigen Hundert Menschen auf diversen Stadtfesten die Hand gelesen. Dabei bekam ich sehr früh das Gefühl, daß ich meine Gäste nicht nur erstaunen, sondern ihnen auch noch bei Lebensfragen Rat und Tips geben konnte, wie sie ihr Leben besser in den Griff bekommen können. Es war und ist schon erstaunlich, wenn reife Menschen zu mir kommen, deren Enkel ich sein könnte, und mich um Rat und Hilfe bitten. Ich begriff damals sehr schnell, daß die sogenannten »Senioren« mir sehr viel von ihrer individuellen Lebenserfahrung vermitteln konnten.

Was wußte ich als junger Mann damals schon vom Leben? Nichts aus heutiger Sicht.

Bei einem Stadtfest lernte ich nach einer Talkshow, auf der ich nur als Zuschauer dabei war, die in Essen sehr populäre indische Wahrsagerin »Frau Roy« kennen. Sie war von fragenden Menschen umlagert. Ich überlegte nicht lange, wie ich sie auf mich aufmerksam machen könnte. Also fragte ich frech, ob ich einmal in ihre Hand schauen kann. Sehr überrascht überließ sie mir ihre Hand. Wir standen beide umringt von vielen neugierigen Menschen an einem Bistrotisch, und ich konnte ihr sehr viel aus ihrem Leben erzählen. Es war schon eine sehr merkwürdige Situation. In ihrer Nähe fühlte ich mich gleichberechtigt und akzeptiert. Seit dieser Begegnung sind wir gute Bekannte, und wir freuen uns jedes Mal, wenn wir uns wiedersehen.

Parallel dazu habe ich mit viel Freude und Erfolg meinen Kindertrick im ganzen Ruhrgebiet weiterhin vorgeführt.

Zwei Wochen später besuchte ich die INTERSCHAU 86 in Essen, eine Fachmesse für Schausteller. Eine nette Wahrsagerin aus Belgien, »Madame Arnika«, hatte dort ihren schönen Wahrsagewagen aufgestellt. Ich besuchte sie als Privatkunde und war natürlich sehr neugierig, wie sie so arbeitet und was sie mir zu erzählen hätte. Sie schaute mir in die rechte Hand und sagte nur einen Satz:

»Jung, du bist so kreativ, du wirst noch mal national bekannt und dann – international berühmt.«

Ich zahlte für diese kurze Beratung zehn Mark und stand, bevor ich etwas sagen konnte, wieder vor ihrem wunderschönen Wahrsagerwagen und fühlte mich leicht auf den Arm genommen. Das wollte ich dann doch nicht glauben. Aber sie sollte wohl recht behalten mit ihrer Deutung meiner Hand.

In diesem Jahr habe ich meine erste Talkshow mit der damals populären Schauspielerin Helga Feddersen gemacht. Ich sah in ihrer Hand eine schlimme Krankheit, konnte und wollte es ihr aber so nicht sagen. (Aber das ist eine andere Geschichte.)

1986 in der Diskothek Castell in Osnabrück

Die Hand ist ein persönlicher Spiegel meines Lebens

Ich glaube, daß die Hand ein Siegel- und ein Spiegelbild meiner Persönlichkeit und meines äußeren (rechte Hand) und inneren (linke Hand)* Lebens ist. In den Handlinien steht alles, was mich persönlich betrifft: vom Leben meiner Eltern vor meiner Zeugung und Geburt; die Umstände meiner Geburt, meine Kindheit, meine Art, erwachsen zu werden, meine persönlichen Lebensstationen in Beruf und Partnerschaft, mein Lern- und Lehrbedürfnis, meine Gesundheits- und Krankheitsenergie, meine Ängste und Hoffnungen und meine Erwartungen an mein Leben.

In der Hand steht nicht, wie alt ich werde, aber wie alt ich werden kann!

In der linken Hand stehen meine Möglichkeiten, Hoffnungen, Ängste und Talente. In der rechten Hand steht dann, wie ich damit umgehen kann und was ich daraus mache.

Ich lese bei einer Beratung erst die rechte Hand, weil ich dort die erlebten und aktiven Lebensprozesse erkennen kann. Wenn ich mich dann auf die linke Hand konzentriere, suche ich die verborgenen, oft reduzierten, ungenutzten Möglichkeiten meines Gegenübers.

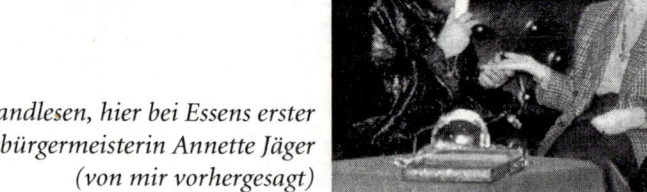

Handlesen, hier bei Essens erster Oberbürgermeisterin Annette Jäger (von mir vorhergesagt)

* Das gilt für Rechtshänder – bei Linkshändern ist es umgekehrt.

Die Hände

Wissenschaftlich gesehen...

... besteht die Hand aus 27 Knochen, aus 36 Gelenken, von denen 22 aktiv beweglich sind, vielen Sehnen, 33 Muskeln und rund 3500 offenen Nervenbahnen auf jedem Quadratzentimeter der Fingerkuppen, das sind dann etwa 17000 Tastsensoren pro Hand. In unserem Gehirn ist für die Funktionen der Hände mehr Platz reserviert als für den Rest der gesamten Motorik des Körpers.

Schon Immanuel Kant sagte: »Die Hand ist der sichtbare Teil des Gehirns.«

Nachbildung einer Höhlenmalerei

Geschichtlich gesehen...

... versucht die Hand (auch Tiere haben Hände) seit etwa 225 Millionen Jahren, ein perfektes Werkzeug des Lebens zu werden. Die Hand wurde schon in der Steinzeit als universelles Abbild einer Persönlichkeit in

Höhlenbildern verewigt. Man begriff schon sehr früh, daß die Hände eines Menschen etwas Einmaliges sind.

Im Grunde ähneln sich die Hände von charakterähnlichen Menschen in der Form, und dennoch gibt es auf der ganzen Welt keine zwei identischen Hände.

Ich selbst habe zwei ganz unterschiedliche Hände.

Wenn uns heute auch der wirkliche, ursprüngliche Grund für diese Umrißschablonen oder die Abdrücke von Händen auf den Höhlenwänden verlorengegangen ist, erkannten die frühen Menschen wahrscheinlich doch die Einmaligkeit der Hände und ihrer dazugehörenden Persönlichkeiten. Wohlmöglich entstanden diese für uns so faszinierenden Bilder bei Initiationsriten von Jugendlichen oder um das Zusammengehörigkeitsgefühl eines Clans zu stärken oder um telepathischen Kontakt mit Verschollenen oder Verstorbenen aufzunehmen oder, oder...?

So meine private Vermutung. Es gibt, wie gesagt, keine eindeutigen, verläßlichen Beweise.

Esoterisch gesehen

Während das Handlesen im westlichen Kulturkreis schon immer mehr als Schicksalsaussage gedeutet wird, ist aus dem sehr alten China und aus dem indischen Kulturkreis bekannt, daß das Handdeuten immer vor allem zur medizinischen Diagnose und dann erst zur Charakterbestimmung genutzt wurde.

In fernöstlichen Ländern, auch in den aufgeklärten, gehören die Handleser und Astrologen auch heute noch zum täglichen Straßenbild.

Ein vertrauensvoller Blick in eine Hand meines Gegenübers gewährt mir einen Einblick in die Persönlichkeit dieser Person.

Psychologisch gesehen

Wenn ein Mensch gezeugt wird, erhält er von seinen Eltern ein einmaliges genetisches Grunderfahrungspaket mit auf seinen Lebensweg.

In diesem Paket sind neben den individuellen Charaktereigenschaften, der Farbe seiner Augen, Haare und andere körperliche Merkmale auch die über Generationen eingeübten Verhaltensmuster seiner Ureltern enthalten. Ob er aus diesem geerbten Rüstzeug das Beste macht oder ob er es im schlimmsten Fall als Belastung empfindet, hat unter anderem auch mit den Prägungen seiner Erziehung zu tun.

Wichtig ist, daß wir uns als Erwachsene immer wieder von den Vorurteilen unserer Erziehung wie: »Das kannst du nicht.« – »Das tut man nicht.« – »Das schaffst du nie.« usw. befreien.

Auch eine frühkindliche Überforderung durch unsere Erzieher, wie: »Du wirst bestimmt mal ein ganz Großer«, ist aufgrund der übertriebenen Erwartungshaltung oft hinderlich bei der Entwicklung eines Kindes.

Weil wir uns auch als Erwachsene in Grenzsituationen oft noch wie Kinder verhalten, kann es sein, daß wir auf Erwartungshaltungen unserer Umwelt immer noch trotzig reagieren.

Astrologisch gesehen

Für die Astrologie sind die Tierkreiszeichen reine Symbolik. Diese haben mit den Tieren eigentlich nicht viel zu tun, denn Jungfrau, Waage, Schütze, Wassermann und Zwillinge sind ja nun mal keine Tiere. Wahrscheinlicher ist, daß dieser Ausdruck eher vom altgermanischen Gott Tyr abstammt. Deshalb hieß es früher auch: »Tyrkreis«.

Als die großen babylonischen, syrischen und griechischen Philosophen über unserer aller Verhaltensmuster nachzudenken begannen, als sie anfingen, das Leben zu beschreiben, begriff man, daß alles, aber auch wirklich alles, miteinander in Verbindung steht. Zu dieser Zeit wurden auch die verschiedenen Bereiche der Hand in eine alles umfassende astrologische Zuordnung eingebunden.

Man war damals der Auffassung, daß alles eine gleichmäßige Ordnung haben mußte. Und was nicht paßte, wurde passend gemacht.

Das heißt, jedem Finger, jedem Berg und jeder Linie in der Hand wurde eine auffällige Charaktereigenschaft des dazugehörenden Planeten zugeordnet.

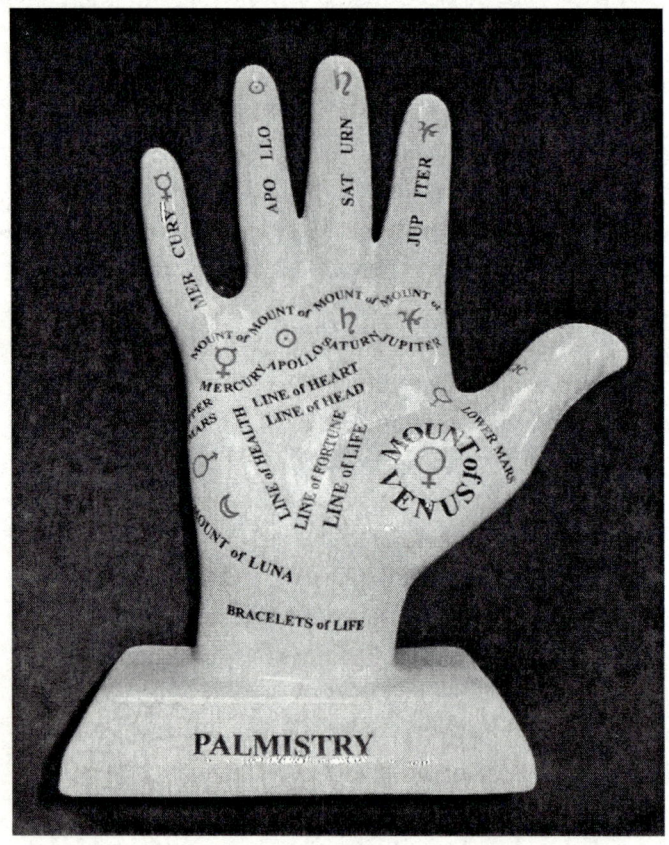

Diese traditionelle astrologische Keramikhand habe ich
vor vielen Jahren aus England mitgebracht.

Dazu kann man heute stehen, wie man/frau will. Es gibt hier, wie in jedem Beruf, Erfahrungswerte als Hilfsbrücken, die man ohne Vorurteil überprüfen und, wenn sinnvoll, auch nutzen sollte.

Demnach steht der
- Daumen für die Venus mit ihrer Sinnlichkeit und animalischen (sexuellen) Vitalität
- Zeigefinger für den Glücksplaneten Jupiter
- Mittelfinger für den Schicksalsplaneten Saturn
- Ringfinger für die lebensbejahende Sonne und ihr künstlerisches Schaffen
- Kleine Finger für den umtriebigen und sensiblen Merkur

Dann gibt es noch die dazugehörigen astrologischen Zuordnungen der Berge und Täler in der gesamten Hand. Die Festigkeit oder Schlaffheit gibt Auskunft über den Einfluß und die Vitalität des dazugehörigen Bereiches.

Es ist bekannt, daß im indischen Kulturkreis auch aus den Linien der Füße gelesen wird. Aber hier beschränken wir uns auf die Handlinien, das ist ja schon einiges.

Gesundheitlich gesehen

Jeder kennt die Karten, auf denen in bunten Bildern die Hand- und Fußreflexzonen dargestellt sind. Auf diesen Bildern hat jeder Bereich in den Händen oder Füßen einen Bezug zu den Organen des Körpers. Wenn man diesen richtig massiert, entspannt sich das jeweilige Organ und wird zur Mitarbeit an der eigenen Gesundheit motiviert. Dadurch fühlen sich die Menschen dann wieder wohler und aktiver. Leider kann man diese nicht eins zu eins aufs Handlesen übertragen.

Aus meiner Erfahrung ist die Kopflinie für Aussagen zur Gesundheit am besten geeignet. Dort gibt es eindeutige Zeichen für Atemwegs-

und Darmkrankheiten, für Osteoporose, Allergien, Unfallhäufigkeit und anderes mehr.

Wenn du dich länger mit der Handlesekunst beschäftigst, wirst du feststellen, daß im Handteller und in der Beschaffenheit der Haut Zeichen für gesundheitliche Kräfte sichtbar werden und daß es dort auch bestimmte Zeichen gibt, die gesundheitliche Schwachpunkte darstellen. Das heißt: Es gibt Zeichen für gesundheitliche Risikobereiche und die Veranlagung für Erbkrankheiten sowie für passive und aktive seelische Verspannungen, die eine psychosomatische Reaktion hervorrufen können.

Sollten z. B. sehr dunkle Punkte direkt unter den Linien auftauchen, spricht das für seelische Dünnhäutigkeit zum Zeitpunkt ihres Erscheinens. Das sind dann die Zeiträume, in denen ich wahrscheinlich übersensibel auf alles reagiere. Diese Punkte sind oft nichts weiter als kleine Adern, die sehr dicht unter der Haut erscheinen.

Oft sind auf dem Mondberg viele kleine weiße Punkte sichtbar, dann sind Probleme mit der Lunge oder langanhaltende Störungen mit der Durchblutung zu befürchten.

Wenn gelbe Punkte erscheinen, spricht das oft für Probleme mit der Leber oder Galle. Auch wenn du mit deinen Vermutungen oft recht hast, solltest du exakte Diagnosen vermeiden. *Diagnosen sind und bleiben Sache des Arztes!*

Ich erinnere mich an die Beratung eines älteren Ehepaares. Nach einer intensiven Beratung sagte der Herr: »Junger Mann, wo haben sie studiert?« Ich muß wohl sehr verdutzt geschaut haben und fragte: »Warum?« – »Sie haben meine Wehwehchen und Krankheiten sehr genau beschrieben. Ich kann das beurteilen, denn ich habe vor meiner Pensionierung als Arzt gearbeitet.«

Als ich ihm dann erzählte, daß ich keine medizinische Ausbildung, sondern nur die Volksschule besucht hatte, wollte er es nicht glauben. Er meinte, ich wäre bestimmt ein guter Arzt geworden.

Wenn ich sehe, daß ein Mensch unter gesundheitlichem oder seelischem Streß leidet, frage ich immer nach, ob er in aktueller ärztlicher oder eventuell psychologischer Betreuung steht. Wenn nicht, motiviere ich diese Person, meine Vermutungen überprüfen zu lassen. (Mir ist bewußt, daß ich mich trotz aller Erfahrung auch mal irren kann.)

Ich habe auch schon erlebt, daß mich ein Arzt angerufen hat, um sich für die »Überweisung« eines Patienten zu bedanken.

Menschlich gesehen

Wenn ich das Glück habe, von entspannten Eltern erzogen zu werden, kann ich mich als Kind experimenteller entwickeln und das Leben entspannter kennenlernen. Ein Kind, daß von gestreßten und ängstlichen Erziehern betreut wird, wird, obwohl es vielleicht dieselben genetischen Anlagen hat, verkrampfter, unsicherer und eventuell auch autoaggressiver auf seinem Lebensweg agieren.

Diese frühen Erfahrungen spiegeln sich dann in den sehr unterschiedlichen Handlinien der rechten und linken Hand.

Bevor wir jetzt auf ein wichtiges Thema kommen, eine von mir persönlich erlebte Geschichte: Vor vielen, vielen Jahren hatte ich meinen kleinen Wahrsagerwagen auf dem Waldseeplatz in Baden-Baden aufgestellt. Um auf mich aufmerksam zu machen, hatte ich in der dortigen Presse eine größere Telefonaktion gestartet. Einen Tag später fuhren zwei VW-Busse auf den Parkplatz, Menschen mit großen Schildern stürmten den Platz und versperrten den Zugang zu meinem Wagen. Auf den Schildern standen dann Sprüche wie: »Wahrsager und Hexen soll man verbrennen« und ähnliches.

Ich laß mich aber nicht verbrennen! – Wie die von Schaustellerkollegen gerufene Polizei sich dazu verhielt, erzähle ich dir lieber mal persönlich.

Religiös gesehen

Selbst in der heutigen aufgeklärten Zeit kämpfen in unseren Breiten Handleser oft gegen dieses Vorurteil: »Das ist ja alles vom Teufel« an. Zu unserem Mißverständnis von dem »intuitiven Handwerkszeug zur Lebenspunktbestimmung« hat aus meiner Sicht im Laufe der Jahrhunderte eine falsch verstandene christliche Glaubenslehre beigetragen und schon viel zu viel Schaden angerichtet. Dabei steht schon in der Bibel bei Hiob, Vers 37.7:

»Da versiegelt Er die Hand aller Menschen, damit die Leute insgesamt Sein Tun erkennen.«

Und im neuen Testament, bei Paulus Briefen an die Korinther: 1.Korinter 14 / Vers 39 / 40 heißt es:

»Darum, Brüder, bemüht euch um prophetisches Reden und verhindert das Zungenreden nicht!«

»... alles aber geschehe in Würde und Ordnung«

Oder wir lesen in Psalm 10, Vers 14:

»Du siehst es doch, / denn du schaust das Elend und den Jammer; es steht in deinen Händen. Die Armen befehlen es dir; du bist der Waisen Helfer.«

Wenn du dich also ernsthaft mit den Techniken des Handlesens beschäftigen willst, wirst du immer wieder auf Menschen treffen, die der Sache aus genannten Gründen kritisch gegenüberstehen. Verweise dann auf die obigen Bibelzitate und bringe diese Menschen damit hoffentlich zum Nachdenken.

Bevor wir uns nun auf die phantastische Reise in die Magie des Handlesens machen, ein paar erlebte Geschichten, Gedanken und Anmerkungen zu diesem Thema.

Handlesegeschichten

Heilende und Energiehände

Vor ungefähr 25 Jahren lernte ich in Wesel die sehr nette Kunsthandwerkerin Mary kennen. Wir kamen auf das Thema »Heilen« zu sprechen. Sie sagte, daß sie heilende Hände habe; ob ich ihr vertraue und sie mir einmal etwas zeigen könne. Ich mußte mich still auf einen Stuhl setzen, die Augen schließen und sollte ihr beschreiben, was ich fühlte. Ich spürte, daß durch meine Beine eine sehr warme Kraft strömte, eine angenehme Ruhe immer dort war, wo sie mit ihren Händen eine Spannung aufbaute. Obwohl meine Augen geschlossen waren, wußte ich doch immer, wo sie ihre Hände hatte, ohne daß sie mich dabei berührte.

So versuchte sie, ihren Freunden heilende Energie zukommen zu lassen. Sie nannte es, weil sie es nicht besser wußte, »Reiki«, ein mir damals noch unbekannter Begriff. Das war schon eine tolle Erfahrung. Ich konnte ohne weitere Einweisung bei nächster Gelegenheit einer Nachbarin Kopfschmerzen und einem Arbeitskollegen auch schon mal Rückenverspannungen auflösen. Wenn ich mit Reiki arbeite, stelle ich mir vor, daß durch mich eine Art Ringstrom fließt. Das heißt, wenn jemand vor mir sitzt, taste ich seine Aura ab, die meist in einem Abstand von 5 - 10 cm seinen Körper umfließt.

Wenn ich Kontakt habe, lasse ich langsam meine Kraft aus der linken Innenhandfläche an der verspannten Stelle durch den Menschen in meine rechte Hand hinüberfließen. Durch die Veränderung der Spannung spüre ich dann, wo es »brennt, spannt und zwickt«. Ich versuche, meine Energie positiv zu beeinflussen, ohne daß meine eigene Kraft Schaden nimmt oder ich dem Menschen Kraft nehme.

Ein Schlüsselerlebnis hatte ich dann in Maasbree in den Niederlanden. Dort hatten wir einige Zeit ein kleines Ferienhaus, um Urlaub zu machen. Bei einem Nachbarschaftsbesuch sagte die Ehefrau: »Bernd, ich habe so starke Kopfschmerzen, kannst du nicht etwas machen?« – Ich versuchte mit meinen zuvor beschriebenen Möglichkeiten, ihre Energie auszutesten, und hatte gerade angefangen, meine Energie durch ihren Kopf fließen zu lassen, als ich in der rechten Hand einen starken Stromschlag (von gefühlten 10.000 Volt) verspürte. Ich glaube meine Hand flog richtiggehend weg.

»Da ist etwas im Kopf, das da nicht reingehört«, sagte ich spontan, und sie solle so schnell wie möglich zu einem Arzt gehen, um sich röntgen zu lassen. Darauf sagte sie mir, daß sie erst vor sechs Wochen bei einem Facharzt gewesen sei und kein Befund vorlag. Ich bat sie dringend, ihren Urlaub abzubrechen und sofort zu einem anderen Arzt zu gehen. Das war an einem Sonntag. Am folgenden Donnerstag lag sie schon im OP, und man entfernte aus ihrem Kopf einen schnellwachsenden kirschkerngroßen Tumor, der zuvor noch nicht sichtbar gewesen war.

Als die Frau wieder gesund war (sie ist es immer noch), konnte sie nicht direkt mit mir darüber reden oder sich für meinen Tip bedanken. Sie konnte es nicht einordnen, daß ein Nachbar mehr wußte als ihr Arzt. Ich war ihr, wie sie mir zwei Jahre später selber sagte, »unheimlich geworden.« – Komische Welt!

Ein Zwölftel aller Männer sind »Schweine«

Warum? – In sehr vielen Händen von Frauen, bei Männern seltener, gibt es einen Erfahrungspunkt, der nichts Gutes verspricht. Dieser Punkt symbolisiert eine gravierend schlechte Erfahrung mit dem anderen Geschlecht. Je nachdem, wo dieses Zeichen im Handteller zu finden ist, kann man auch den Zeitpunkt dazu feststellen, das heißt, das dazu passende Alter bestimmen.

Als ich eine junge Frau (Waage) auf ein solches Zeichen in ihrer Hand aufmerksam machte, sagte sie: »Alle Männer sind Schweine.« Daß sie das so empfindet, tut mir leid, nämlich für alle Männer, die sie noch kennenlernen wird.

Dieses Zeichen ist schon angelegt, wenn ein Mensch gezeugt wird. Die ersten Handlinien bilden sich in der sechsten Woche einer Schwangerschaft aus.

Durch die frühkindlichen Erfahrungen mit den Erziehern kann es sein, daß sich dieser Punkt in der Hand im Laufe der Zeit neutralisiert, er kann aber auch dramatische Formen annehmen. Es ist oft ein Zeitpunkt zwischen dem 18. und dem 28. Lebensjahr, an dem dieser dramatische Partnerschaftskonflikt vorprogrammiert ist.

Wenn ich also einer Frau von 50 aufgrund dieses eindeutigen Zeichen sage: »Mit 26 hattest du deine erste große zwischenmenschliche Krise«, höre ich sehr oft: »Ja, das stimmt, damals ist mein Mann das erste Mal fremdgegangen« oder ähnliches. Das ist dann die eine Sache. Wenn ich aber einem jungen Mädchen von 18 sage: »Wenn du 26 Jahre alt bist, wirst du wahrscheinlich sehr viel Streß mit deinem Partner bekommen«, dann ist das etwas ganz anderes.

Es liegt dann meist nicht nur am Partner, der zu diesem Zeitpunkt die Enttäuschung auslöst. Er ist aus meiner Sicht nur ein Gehilfe des sogenannten Schicksals, damit das Zeichen in der Hand sich mit Leben erfüllt. Das Leben besteht nun einmal aus täglichen Freuden und Enttäuschungen. An manchen Tagen lächelt meine Seele darüber und an anderen Tagen eben nicht.

Witwenkreuz und anderes

In der Hand gibt es bestimmte Zeichen, sogenannte Witwenkreuze. Als ich bei einer Kundin von etwa 70 Jahren einmal wieder so ein Kreuz sah, fragte ich sie, ob sie sich mit 46 Jahren habe scheiden lassen.

»Nein«, sagte sie, »ich bin damals Witwe geworden.« Worauf ich spontan fragte, ob sie vielleicht einen Tag vorher beim Anwalt gewesen wäre, um sich scheiden zu lassen. Sie schaute mich verblüfft an und sagte: »Sie haben recht!« Die Scheidungspapiere seien schon unterwegs gewesen, als sie die Nachricht vom Unfalltod ihres Mannes erhalten hatte. Sie habe ihren Mann zwar loswerden wollen, aber nicht so.

Eine Geschichte zu diesem Thema ist mir erst vor kurzer Zeit begegnet. Auf dem Jahrmarkt in Karlsruhe kam ein Ehepaar zum Handlesen in meinen Zigeunerwagen. Ich mag es, wenn beide Partner gleichzeitig zu mir kommen und ich beide Seiten analysieren kann.

Manchmal ist es gut, beiden den Kopf zu waschen, denn es ist ja nie einer allein für die Beziehung verantwortlich. Am nächsten Tag kam die Frau noch einmal alleine in meinen Wagen. Sie bedankte sich für meine Neutralität und fragte, ob ich ihren Mann von früher kennen würde. »Nein«, mußte ich sagen. Außerdem hatte ich schon lange vergessen, was ich am Vortag gesagt hatte.

Also fragte ich, was ich denn so gut beschrieben hätte. Sie erzählte: »Immer wenn ich daran denke, mich scheiden zu lassen, bekommt mein Mann Herzprobleme und läßt sich mal wieder einen Herzkatheder oder Bypaß legen.« – Sie befürchte schon, daß sie bald Witwe sein würde und sich nicht mehr scheiden lassen bräuchte. Sie sei es aber auch leid, sich ständig erpressen zu lassen. Die Beziehung werde immer schwieriger. Wer ließe sich schon scheiden, wenn der Partner mit Herzproblemen im Krankenhaus liegt. Ein Teufelskreis.

Noch eine Witwe

Eine sehr alte Dame hatte in ihrer Hand eine Hochzeitslinie und ein Witwenkreuz sehr dicht beieinanderliegen. Und danach war keine weitere Bindung in ihrer Hand zu sehen. Es gab einfach keine weiteren passenden Signale auf der Partnerschaftslinie. Wie sich dann im

Gespräch herausstellte, hatte sie im Krieg ihre große Liebe geheiratet und war vierzehn Tage später Witwe geworden. Sie hatte danach ihren verstorbenen Mann als unwirklichen Gott idealisiert und es nicht mehr geschafft, einem neuen Mann eine Chance zu geben und in ihr Leben einzuordnen. Wahrscheinlich hätte sie sich nie von ihrem Partner getrennt, wenn er überlebt hätte.

Mir ist es allerdings lieber, wenn ich in Händen viele Beziehungslinien sehen kann. Besser man hat einen »Beziehungsgutschein« zu viel, man muß im Leben ja nicht alle einlösen.

Und dann gab es noch die alte Dame (93), die mit ihrer Tochter (62) zu mir kam und fragte, wann und ob denn ihr Sohn aus dem Krieg nach Hause kommen würde. Der Sohn wurde all die Jahre als Vorbild für die Tochter mißbraucht. Sie konnte sich all die Jahre noch so sehr um ihre Mutter bemühen, sie konnte nie etwas recht machen, weil der Sohn sich natürlich viel besser um sie gekümmert hätte.

Schicksal?

Vor vielen Jahren hatte ich auf der Campingmesse in Essen mein Zelt aufgeschlagen. Als ich einmal einen Kaffee trinken wollte, lernte ich ein nettes Ehepaar kennen, das seine Mobilheime auf der Messe ausstellte. Ob ich ihnen denn mal aus der Hand lesen könne und was es koste? »Wenn ihr mir meinen Kaffee bezahlt, nehme ich mir gerne die Zeit«, war meine Antwort.

Es war ein gemütliches Zusammensein. Was mich jedoch stutzig machte: Die Handlinien, die ja bei jedem Menschen anders verlaufen, hatten bei beiden an derselben Stelle ein Schicksalskreuz, und dies veranlaßte mich zu sagen: »Ihr beide werdet euch nie trennen, aber durch ein gemeinsames Schicksal auch fast gleichzeitig von dieser Welt gehen.« Ich machte diese Aussage ohne Zeitangabe, denn sonst kann man bei den Fragenden eine Erwartungshaltung auslösen.

Jahre später traf ich Gertrud, eine alte Bekannte aus Emmerich wieder, und sie fragte mich, ob ich mich noch daran erinnerte, einem bestimmten Ehepaar auf der Messe in Essen aus der Hand gelesen zu haben? Sie hatte es damals von jener Frau erfahren, die eine ihrer besten Freundinnen gewesen war. Ich mußte ein bißchen nachdenken, bevor ich wußte, um wen es sich handelte, und fragte, weshalb es wichtig sei. Nun sagte sie in ihrem einmaligen niederrheinischen Dialekt: »Die beiden sind bei einem dramatischen Autounfall mit ihrem Wagen unter einen LKW gerutscht und am selben Tag gestorben.«

Die Fragen, die ich mir dann stelle, lauten:
* *Gibt es wirklich ein gemeinsames Schicksal?*
* *Wären sie auch gemeinsam gestorben, wenn sie mich nicht gefragt und ich ihnen nicht aus der Hand gelesen hätte?*

Warum ist es möglich, daß man gemeinsame Zeichen hat, die sich dann auch noch erfüllen? Sind wir wirklich so machtlos in unserem Leben, unserem Schicksal und nur eine Karte, die nach einem unbekannten Plan aus dem Spiel des Lebens fällt?

Natürlich gibt es da keine wirkliche Antwort, aber ich glaube, daß ich als Wahrsager und Medium ein Spiegelbild meiner Kunden bin und mein Talent, mein ererbtes Sehen benutzen soll, um fragende Menschen auf ihr Glück, ihr Schicksal und vielleicht auch auf den Tod vorzubereiten.

Obwohl ich den Tod nicht suche, ist er doch manchmal in den Händen und Karten sichtbar. Ich mache dann nach Möglichkeit keine Zeitangaben. (Ich kann mich ja auch irren.) Oft ist es schwer für uns Menschen, loszulassen, Abschied zu nehmen oder einen geliebten Menschen sterben zu lassen.

Ich bestreite, daß der eigene Tod in meiner Hand sichtbar ist. Sichtbar sind meine Kraftfelder, meine Energie und mein Lebensmut. Denn zum Leben braucht man Mut. Und was nützt eine lange Energielinie, wenn ich vor eine Straßenbahn laufe?

Die große Hand

Eine andere Hand, die mich vor Rätsel stellte, sah ich einmal auf einem Stadtfest in Dortmund. Aber ehrlich gesagt, das war keine Hand, das war eine Naturgewalt. Also stelle dir mal eine normal große Männerhand vor, so groß war aber hier allein der Handteller, es kamen dann noch die Finger. Eine so große Hand habe ich nie wieder gesehen.

Die zweite Ungereimtheit war, daß sie fast keine Linien hatte, nur die Lebenslinie war dünn angedeutet. Ich mußte kapitulieren, eine Hand kann man zwar auch nach den Proportionen deuten, aber eine Hand ohne Linien, die kann ich nicht lesen. Also fragte ich den Mann, was er für einen Beruf habe? »Ich bin Professor für Mikrochirurgie und brauche bei meinen Operationen, die oft nur unter einem Spezialmikroskop stattfinden und meist viele Stunden dauern, sehr viel Kraft und Ausdauer in meinen Händen.«

Da soll noch einer sagen, es gäbe keine Ausnahmen!

Viele Linien

Dann gibt es noch Hände, die haben so viele Linien, daß es schwerfällt, sie alle einzuordnen. Sie tragen Erfahrungen in sich, die darauf schließen lassen, daß die Seele dieses Menschen schon sehr alt sein muß. Bei solchen Händen kann man schnell glauben, daß es eine Art Seelenwanderung gibt oder daß auch Wiedergeburtsgeschichten nicht unwahrscheinlich sind. Diese intensiven Linien können schon sehr junge Mädchen haben.

Das hört sich in einem typischen Dialog dann so an:

Ich: Du hast Linien wie eine alte Frau.

Sie: Ich fühle mich auch manchmal wie 90 Jahre alt.

Ich: Du hast bestimmt einen Hang zu reifen Männern.

Sie: Jaaaa.

Ich: Wenn du einmal so alt bist, wie deine Linien es andeuten, wirst du eine glückliche alte Dame sein und wahrscheinlich einen jüngeren Mann an deiner Seite haben. (Sie ist dann 70 und er ist 50 oder noch jünger.)

Ich nenne solche Hände auch Aschenputtel-Hände, denn oft haben diese jungen Frauen das Gefühl: Ich muß arbeiten und die anderen gehen zum Ball. Ich muß immer für alle die Verantwortung tragen. Ich habe meine Geschwister mit großgezogen oder im Beruf viel zu früh große Verantwortung übernehmen müssen. Diese Menschen haben oft das Gefühl, um ihre Kindheit betrogen worden zu sein. Aber wenn wir an »Aschenputtel« denken, die hat dann doch noch gegen alle Widerstände mit ein bißchen Magie einer mitfühlenden »Tante« ihren Prinzen bekommen und das halbe Königreich und viel Liebe im Leben – aber erst, als sie älter war.

Ich weiß das alles von den älteren Damen, die als Kundinnen zu mir kommen und immer schon als Zwölfjährige so alte Hände hatten und meist erst im fortgeschrittenem Alter ausgeglichener und glücklicher waren als in ihrer Jugend.

Was Hände noch erzählen

Es gibt Menschen, da fällt es mir sehr schwer herauszufinden, welchen Beruf sie haben. So auch bei einem Mann, der mich mal auf dem Pützchens-Markt in Bonn-Beul besucht hat. Als ich seine Hände beschrieb, konnte ich nur sagen: »Du hast ein Talent zum Schreiben, zum Formulieren, aber auch auf eine fast verrückte, kabarettistische Art, Worte zu setzen.«

Da mir dazu kein Beruf einfiel, fragte ich ihn, was er mache. Darauf sagte er mir, was er tat, und das war gar nicht verrückt: Er hatte die Aufgabe, Gesetzesvorlagen und Verordnungen des Bundestages in eine Form zu bringen, daß sie vor dem Bundesrat bestehen konnten, und das paßte ja auch zu der Hand. – Oder kennst du etwas Verrückteres, als die oft so unverständlichen Gesetzestexte und Verordnungen?

Jan

Heute war Jan bei mir, ein junger Mann von 24 Jahren. Seine Hände paßten nicht zum Rest des Menschen, der vor mir saß. Sie waren sehr groß, fest und weiblich mit abgekauten Fingernägeln, sie erinnerten mich an eine alte Bäuerin, die 60 Jahre ihres Lebens auf dem Hof gearbeitet, aber sich nie wohlgefühlt hat. Wie er mir versicherte, hatte er keinerlei bäuerlichen Vorfahren, er schämte sich aber oft seiner Hände und tat sich auch sonst schwer, sich zu akzeptieren.

Ich riet ihm, mehr seine weibliche Seite zu leben und endlich seinen sexuellen Weg zu gehen. Natürlich gibt es auch sanfte, einfühlsame Hände bei Männern, die nicht homosexuell sind und von denen sich jede Frau gerne verwöhnen läßt.

Eine starke, muskulöse Frauenhand heißt nicht immer, daß sie gleich als Domina arbeiten muß, aber…

Ilona

In der Bar einer großen internationalen Hotelkette in Essen fanden früher regelmäßig Astropartys statt. Also ging ich zu dem Bankettmanager dieses Hauses, gab mein Infomaterial ab und fragte, ob ich dort nicht auch einmal arbeiten könne. »Nein«, war die Antwort, »wir haben schon eine Dame.«

Vierzehn Tage später klingelte mein Telefon: »Unsere Wahrsagerin ist krank geworden, und wir wollten fragen, ob Sie...«

Einen Tag später wurde ich als Gastwahrsager in der Hotelbar vorgestellt. Nach den üblichen Einführungen fragte ich die Gäste, wem ich denn einmal aus der Hand lesen dürfte. Ilona meldete sich. Als ich dann zum Mikrofon griff und in ihre Hand schaute, sagte ich spontan: »Mädchen, du hast Linien in deiner Hand, als wenn du gut zuschlagen kannst.«

Ein Raunen, Lachen und Beifall füllte den Raum. Auch Ilona »lachte sich schlapp«, wie man im Ruhrgebiet sagt. Nur ich wußte mal wieder nicht, warum die Gäste so begeistert waren.

Des Rätsels Lösung: Sie war eine stadtbekannte Domina. Nur ich hatte mal wieder keine Ahnung, aber doch das richtige gesagt und damit den Abend gerettet.

Tränen – Grugahalle, Essen

Bei meinem ersten Sommerfest an der Grugahalle in Essen hatte ich mein Zelt im Eingangsbereich der großen Halle aufgebaut. Zu mir kam eine Frau in mittleren Jahren. Ich sollte ihr aus der Hand lesen. Also schaute ich in ihre Hand und sagte spontan: »Dein Vater ist über vier Zäune geklettert, um dich zu zeugen.«

Kaum hatte ich das ausgesprochen, bekam die Frau einen Weinkrampf. Sie war nicht mehr zu beruhigen. Ich mußte die Tempos aus der Tasche holen und das Pauseschild raushängen. So etwas hatte ich noch nie erlebt.

Es kommt schon einmal vor, daß ich etwas sage, was den einzelnen Menschen persönlich sehr berührt, und dann fließen auch schon mal ein paar Tränen. Weinen löst oft tiefsitzende Blockaden wie Trauer, Angst oder Selbstmitleid auf. Als sie sich langsam wieder beruhigt hatte, fragte sie mich, woher ich das alles wüßte. Im Grunde wußte ich ja nichts und habe nur gesagt: »Dein Vater ist über vier Zäune geklettert, um dich zu zeugen.«

Unter Schluchzen und noch mehr Tränen erklärte sie mir: »Mein Vater war Jude und ist viermal aus einem Konzentrationslager ausgebrochen, um bei seiner Frau zu sein.« Er habe meine Kundin beim vierten Mal gezeugt und sei dann wieder verhaftet und sofort erschossen worden. Sie hat ihn nie kennengelernt. – Mich hat die Sache sehr berührt, und seitdem habe ich für meine Kunden (und mich) immer ein paar Tempos in der Tasche, man weiß ja nie!

Freudentränen

Natürlich gibt es auch immer wieder Tränen der Freude. In meiner Beratung wird immer wieder das Thema »Kinderkriegen« angesprochen.

Sehr vielen Paaren, die schon alle Hoffnung aufgegeben hatten, konnte ich wieder Mut machen, es auch weiterhin mit viel Liebe zu probieren. Viele Kinder werden nicht geboren, weil wir im Dauerstreß leben, weil wir uns keine Zeit mehr nehmen, mit viel Liebe ins Bett zu gehen, weil wir uns zu schnell aufgeben, weil jemand scheinbar unfruchtbar ist, weil… – Dann steht oft die Diagnose eines Arztes im Raum: »Sie können keine Kinder mehr bekommen.«

Aber, es gibt ja noch den alten »Fantadu«, der in die Hand oder die Karten schaut und den verdutzten Paaren sagt, daß doch noch ein Sohn oder eine Tochter kommt. Und dann gibt es auch ein paar »Freudentränen«. Manchmal sogar mit genauer Zeitangabe. Auf diese Weise bin ich wissentlich schon mindestens 95 Mal Vater geworden (Stand 2012), wenn auch nur im ideellen Sinne. Von zweien (Noah und Phil) bin ich sogar Patenonkel. Und darauf bin ich auch ein bißchen (mächtig) stolz.

P.S. Warum ich anfangs behauptet habe, ein Zwölftel aller Männer sind »Schweine«, liegt am chinesischen Horoskop. Dort gibt es zwölf Sternzeichen, unter anderem Ratten, Hähne, Schlangen, Drachen und auch Schweine.

Nach diesem System bin ich gerne ein Schwein!

Wie du sehen kannst, kann man(n)/frau aus den Händen die verschiedensten Informationen erhalten. Wenn du selber in fremde Hände schaust, vermeide auf jeden Fall eine Moralisierung und Bewertung des Gesehenen.

Habe Achtung vor dem Vertrauen, das man dir entgegenbringt.

Alle diese von mir persönlich erlebten Geschichten, stammen aus meiner spannenden Biographie: *El Fantadu – Der Mann hinter dem Spiegel*. Weitere Infos zum Buch im Anhang.

DER KURS

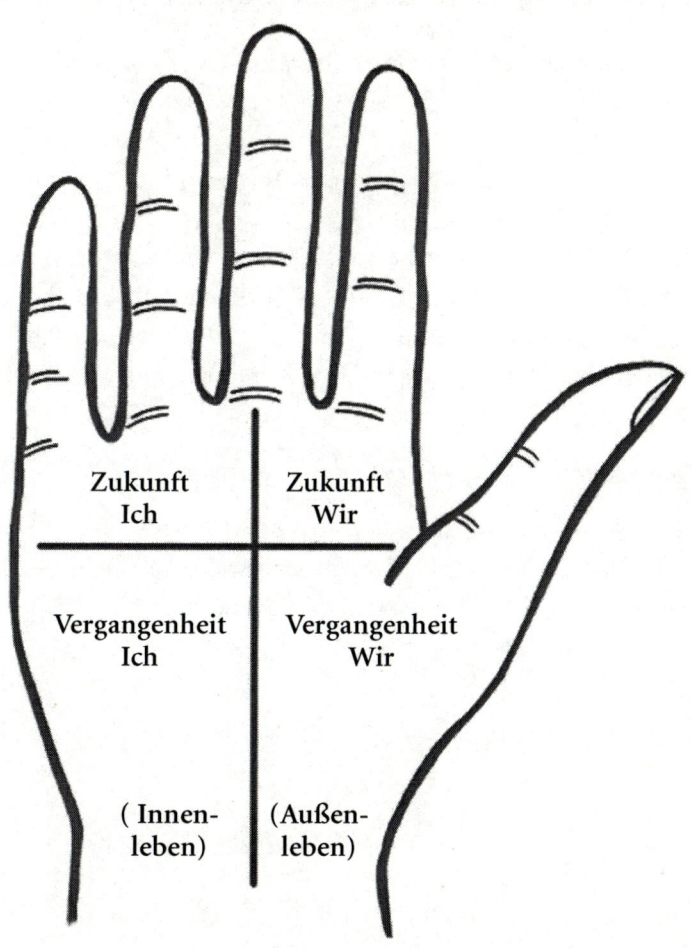

Zukunft
Ich

Zukunft
Wir

Vergangenheit
Ich

Vergangenheit
Wir

(Innen-
leben)

(Außen-
leben)

EINTEILUNG DER HAND IN VERLÄSSLICHE ZONEN

Bevor ich hier jetzt mit dem Erklären der Handlinien beginne, erlaube mir einige Fragen:

- Warum liest du in diesem Buch?

- Was erwartest du?

- Willst du nur deine eigenen Linien kennenlernen?

- Oder möchtest du gerne andere Menschen analysieren?

- Was erhoffst du dir?

- Wie gehst du mit dem gelernten Wissen um?

Ich denke, daß du auf alle diese Fragen eine Antwort finden und daß du durch Üben und Überprüfen dir dein eigenes Urteil bilden wirst!

Und ich hoffe, daß du dir beim Studium viel Zeit läßt! Ich selber schaue seit über 35 Jahren in Hände und lerne jeden Tag (hoffentlich) dazu!

TIP

Das Buch ist als Kurs aufgebaut und sollte ab genau hier bitte nacheinander, Seite für Seite, erarbeitet werden!

*Wenn wir in **unsere** Hände schauen – sehen wir sie so:*

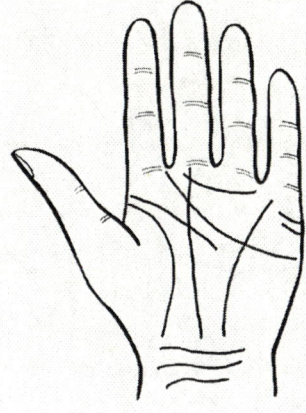

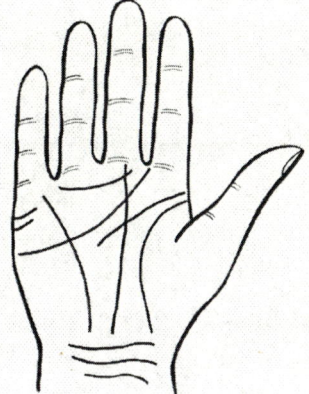

Meine linke Hand   Meine rechte Hand

*Wenn wir in **fremde** Hände schauen sehen wir sie so:*

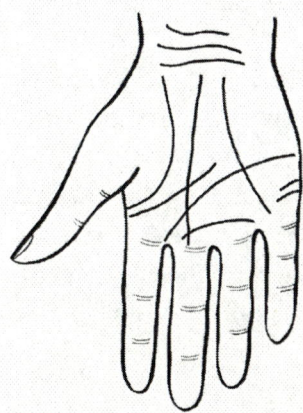

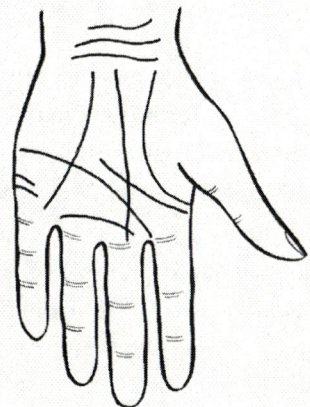

Fremde rechte Hand   Fremde linke Hand

Wenn wir in Fotokopien schauen, sehen wir sie aber so:

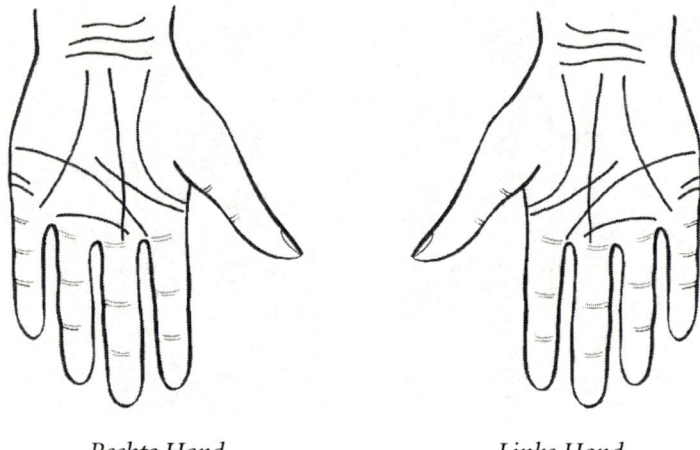

Rechte Hand   *Linke Hand*

Wie du also sehen kannst, gibt es verschiedene Ansichten in unsere und fremde Hände. Obwohl ich schon so lange in die Hände anderer Menschen schaue, fällt es mir schwer, neutral in meine eigenen zu sehen.

Wenn es aber sein muß, fertige ich Din A3 Fotokopien meiner Hände in S/W an. In Schwarz/Weiß kann ich mich besser auf die Linien konzentrieren. Dasselbe gilt für Menschen, die sich zu einer Fernberatung* entschlossen haben. Diese müssen mir dann zur besseren Erkennbarkeit Kopien ihrer Hände in drei verschiedenen Kontraststufen zusenden. So kann ich mich besser auch auf die feinen Nebenlinien konzentrieren. Siehe auch: www.el-fantadu.de/handlesen.html

---

* Ich nehme dann das (Fern-)Beratungsgespräch auf eine CD oder Tonbandkassette auf und sende sie dir zu.

Zu Beginn

Ich werde dir in diesem Buch die Linien so zeigen, wie du deine und später die Hände deines Gegenübers beim Deuten sehen wirst.

Wenn wir jetzt zum Kapitel »Handlesen lernen« kommen, rate ich dem geneigten Leser, dabei Handschuhe anzuziehen! (Ein paar saubere Socken tun es zur Not auch.)

Warum?

Bei meinen Handlesekursen habe ich erlebt, daß die Teilnehmer beim Betrachten der Zeichnungen gleichzeitig versuchten, die vorgestellten Linien zu finden und dafür auch in ihre oder fremde Hände schauten, und sie waren dann irritiert, daß sie diese Linien nicht sofort eins zu eins in ihrer Hand fanden. Das lenkt vom Kennenlernen der einzelnen Linien ab. So geht das nicht!

Erstens sind die Linien bei jedem Menschen anders angelegt.

Zweitens verlaufen diese Linien oft in anderen Proportionen.

Und drittens können wir auf diese Weise eine Linie nach der anderen erarbeiten.

Deshalb empfehle ich die Handschuhe!

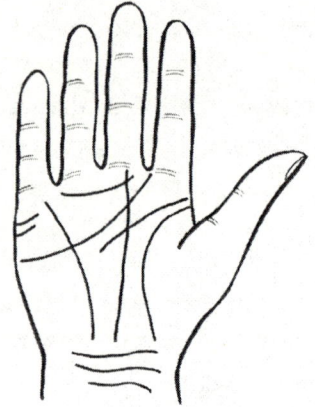

Meine rechte,
»bewußte« Hand

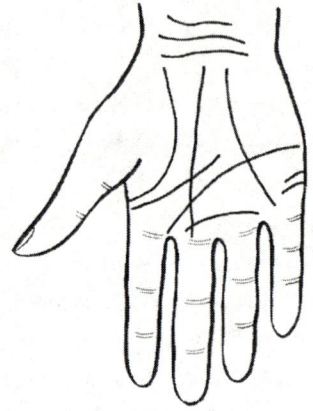

Seine rechte,
»bewußte« Hand

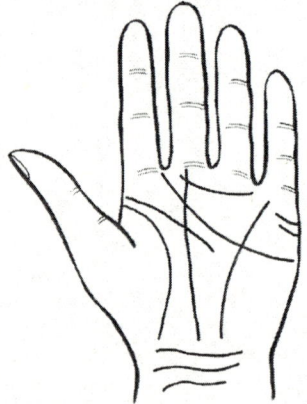

Meine linke,
»unbewußte« Hand

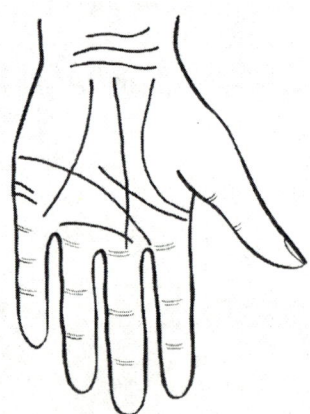

Seine linke,
»unbewußte« Hand

Das Handlesen

Aus meinem Verständnis und meiner über vierzigjährigen Erfahrung in der Lebensberatung fasse ich hier meine Erfahrungswerte, Tips und Ratschläge zum Thema Handlesen zusammen.

Was steht in der linken, in der rechten Hand?

Grundsätzlich steht in der rechten, aktiven Hand, wie ich meine Talente, Stärken, Schwächen und Neigungen im täglichen Leben nutze und umsetze. In der passiven linken Hand zeigt sich, was genetisch angelegt ist, welche Talente, Stärken, Schwächen und Neigungen mir in die Wiege gelegt worden sind.

(Ich erkläre in diesem Kurs verstärkt die rechte Hand, die linke Hand wird sich dann selbst erklären.)

Wenn du Linkshänder bist, stelle einen Spiegel neben dein Buch. Du siehst dann die Hände, wie du sie deuten kannst. Es ist ein wenig umständlich, aber es hilft dir beim Selbststudium.

Es gibt zwar Hände, die sich ähneln, aber es gibt keine zwei Hände, die wirklich in allen Einzelheiten gleich sind. Es gibt Menschen, deren beide Hände sich spiegelverkehrt sehr ähnlich sehen. Diese Personen sind in ihrem Wesen dann oft sehr ausgeglichen. Träger von zwei sehr verschiedenen Händen leben hingegen oft ein sehr angespanntes, aktives bis dramatisches Leben.

Der Volksmund sagt dann: »Die Rechte weiß nicht immer, was die Linke tut.«

Mit anderen Worten gesagt:

»Zeige mir deine rechte Hand, und ich sage dir, wer du bist!«

»Zeige mir aber deine Linke, und ich sage dir, wer du sein könntest!«

Achtung:

Während wir in der rechten, bewußten Hand* auf eine verstärkt, rationale Spurensuche gehen sollten, ist es ratsam, in der linken, unbewußten Hand mehr mit Gefühl und Intuition vorzugehen.

Wichtig ist, egal ob links oder rechts: Was sehe, fühle, ahne und empfinde ich, wenn ich in meine oder eine fremde Hand schaue?

Wenn du authentisch bleibst, wirst du das »sehen«, was du in diesem magischen Moment »sehen« sollst! Nicht mehr und nicht weniger.

Die Temparamentelehre

Schon Hippokrates von Kós (460 - 375 vor Chr.)** hat in seiner Temperamentenlehre erstmals formuliert, wie man die vier Temperamente unterscheiden und sie den vier Elementen zuordnen kann. Er erkannte: Jeder Mensch hat ein anderes Temperament, demnach gibt es die vier Grundtypen und unendlich viele Mischtypen.

Das nur zum Verständnis, bevor wir uns jetzt auf die Formen der Hände einlassen. Auch wenn es als Anfänger nicht immer leicht ist, alles auf einmal umzusetzen, sollten wir doch auch auf die individuelle Form der Hände und die astrologischen Charaktereigenschaften unseres Gegenübers achten.

Bedenke immer wieder, auch wenn es in diesem Buch nur stilisierte, gezeichnete Hände sind: Es gibt keine ideale Hand. Es gibt nur die Erfahrung zu machen, daß wir bei jedem Gespräch mit unseren Gästen dazulernen dürfen. Das heißt, jeder Gast ist auch unser Lehrer. Ich habe durch das Handlesen bei anderen mich selbst entdeckt.

* Das gilt für Rechtshänder, bei Linkshändern ist es umgekehrt.
** Stich von Peter Paul Rubens, 1638

Die vier Grund-Handformen

HIER LEICHT ÜBERTRIEBEN DARGESTELLT

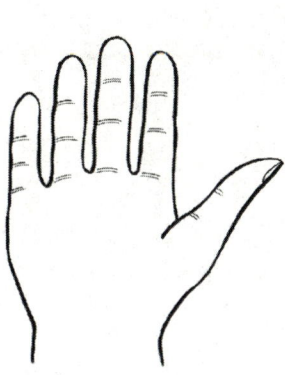

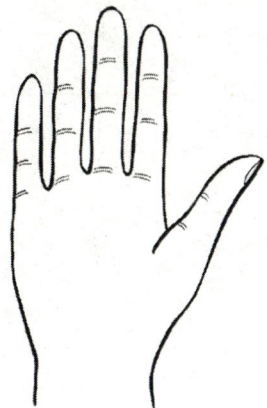

A - Die Quadratische *B - Die Sensitive*

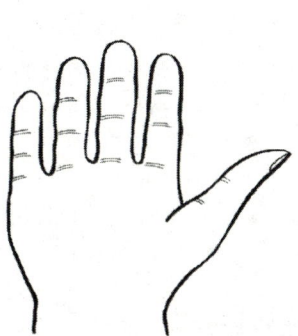

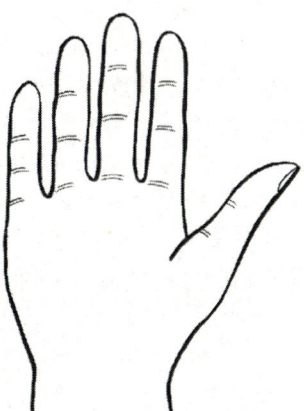

C - Die Spatelförmige *D - Die feste Hand*

HIER LEICHT ÜBERTRIEBEN DARGESTELLT

47

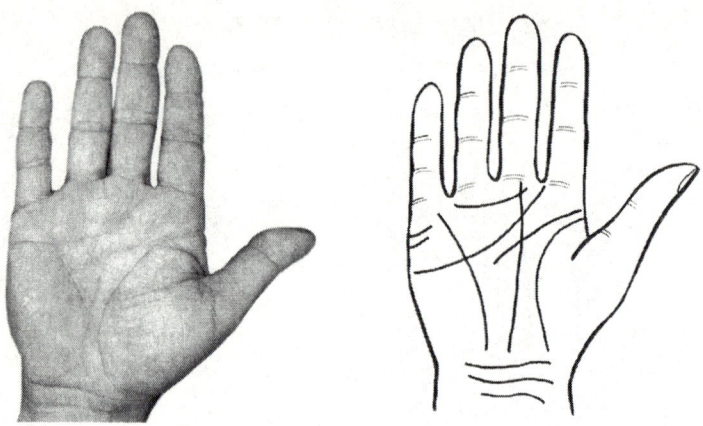

Wo schauen wir zuerst hin,
auf die Zeichnung oder das Foto einer Hand?

Auch wenn auf diesem Foto die Linien gut erkennbar sind, finde ich eine aussagefähige Grafik derselben zum Kennenlernen der Linien aus Erfahrung besser.

Wenn wir aber die einzelnen Linien und ihre speziellen Aussagen begreifen wollen, sollten wir uns die Zeit nehmen, die vorgestellten schematischen Linien Stück für Stück zu erarbeiten. Ich lerne beim Führerschein ja auch nicht direkt das »Fahren«, sondern ich sollte erst einmal alle Verkehrzeichen und die Funktionen des Wagens erkennen können. – Erst dann kann ich auch auf den Straßenverkehr losgelassen werden, nicht wahr?

Deshalb die schematischen Handlinien!

Die große quadratische Hand (A)

…gehört einem erdbetonten, praktisch begabten Menschen. Sie strahlt eine Vitalität aus, die in keiner anderen Hand so offensichtlich ist. Diese Hände wollen etwas in der Hand haben. Ob es sich dabei um ein Werkstück oder einen robusten Partner handelt, sie können selten mit filigranen Dingen etwas anfangen. Diese Menschen reden nicht viel und lieben die Beständigkeit. Sie sind in jeder Hinsicht verläßlich, können mit ihrer Sturheit aber einen Partner auch zur Weißglut bringen.

Typ: Der Melancholiker

…nimmt das Leben nicht gerade von der leichten, einfachen Seite. Er sucht und findet oft das berühmte Haar in der Lebenssuppe. Im großen und ganzen läßt man diese Eigenbrötler in Ruhe.

Astrologisch finden wir diese Typen oft beim Element Erde: beim Stier, beim Steinbock und bei der Jungfrau.

Die sensitiven Fingerhände (B)

... haben oft sehr lange Finger, die als Antennen immer auf der Suche nach neuen Informationen sind. Diese Hände finden wir bei Menschen, die auch nach außen eine gewisse Intellektualität darstellen. Ob sie auch lebensklug sind, ist oft fraglich. Vielmals erscheinen sie als schwach und trotz ihrer Größe als zierlich. Diesen Menschen möchte man nicht wehtun. Man kann sie jederzeit für einen Theater- oder Museumsbesuch begeistern.

Typ: Der Sanguiniker

... ist ein realistischer Träumer und Weltverbesserer; ein Mensch, der aufpassen muß, daß er die Dinge nicht zerredet; daß er Pläne schmiedet, ohne sie auszuführen. Er ist diskussionsfreudig und oft ein guter Diplomat.

Eine solche Hand gehört oft Menschen aus dem Element Luft: dem Wassermann, der Waage und dem Zwilling.

Die (oft kleineren) Spatelhände (C)

... finden wir bei sehr flexiblen, einfühlsamen Menschen. Menschen bei denen mann/frau sich anlehnen kann, wo wir uns verstanden fühlen, denen wir vertrauen wollen. Sie neigen aber auch zu einer Opferrolle und machen bei Überforderung gerne Schuldzuweisungen. Oft fehlt ihnen eine gewisse Durchsetzungskraft, dafür haben sie oft eine Engelsgeduld.

Typ: Dem Phlegmatiker

... ist scheinbar alles egal. Er arrangiert sich, wo er kann, und will niemanden auf die Füße treten. Er kann aber, wenn er sich mal wieder ungerecht behandelt fühlt, in seiner Ohnmacht zum unrealistischen Amokläufer werden. Dann ist Vorsicht geboten. Es ist dann besser, sich zurückzuziehen.

Sie sind im Element Wasser zu Hause: die Fische, der Skorpion und der Krebs.

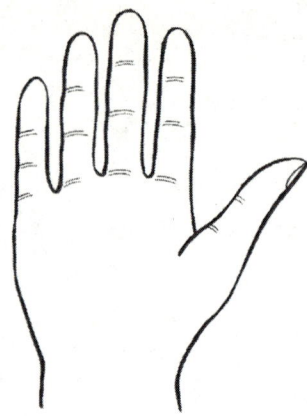

Eine feste, fast runde Hand (D)

… mit einem imposanten Daumen wird uns immer mit einem kräftigen, ehrlichen Händedruck begegnen. Sie hat in jeder Lebenssituation etwas Bestimmendes, Verläßliches. Hier wird nicht diskutiert, hier wird gehandelt. Mit diesem Menschen kann man Pläne schmieden, wenn, ja, wenn wir den Träger dieser Hände als Chef akzeptieren können. Wenn nicht, suche dir einen anderen Partner.

Typ: Die Choleriker

… regen sich sehr schnell auf, kommen aber auch schnell wieder herunter. Sie sind schnell begeisterungsfähig und werden schnell ungeduldig und sind im Streß ungerecht mit ihren Mitmenschen. Andererseits sind sie nie lange böse oder nachtragend.

Astrologisch haben wir dort das Element Feuer im Widder, im Schützen und im Löwe.

Hände von Frauen und Hände von Männern

… haben meiner Erfahrung nach nur einen Unterschied: in der Grundgröße. Es gibt nämlich durchaus Frauen mit »Männerhänden« und Männer mit »Frauenhänden«. Vielleicht sollten wir endlich begreifen, daß in jedem Menschen eine weibliche und eine männliche Seite stecken kann.

Was ist denn typisch männlich oder weiblich? Seit ich bewußt meine weibliche, kreative Seite leben kann, bin ich endlich Mann *und* Mensch! Und seien wir mal ehrlich, welche Frau muß nicht manchmal die Hosen anziehen, weil sie sonst an der Seite ihres Partners nicht weiterkommt. Natürlich gibt es auch alle Formen von Mischhänden.

Wenn wir dann noch bedenken, daß wir die Formen der Hände und den Charakter der Temperamente miteinander verbinden können, werden wir besonders viele Möglichkeiten einer groben Voreinschätzung unseres Gegenübers erhalten. Deshalb frage, bevor du dich auf einen Menschen einläßt, nach seinem Sternzeichen und ob er sich darin wiederfindet. Erfahrungsgemäß verändert sich unser astrologischer Schwerpunkt zwischen dem 32. und 38. Lebensjahr zugunsten unseres Aszendenten. Also frage auch danach, wenn du das erste Mal mit deinem Gegenüber sprichst. Ich selber war bis zu meinem 34. Lebensjahr ein sehr introvertierter Stier. Ein Jahr später erkannte ich mich selber nicht wieder, ich hatte mich mit der Hilfe meines Aszendenten in einen extrem extrovertierten Schützen verwandelt.

Der Stier in mir liebt das gemütliche Zuhause, der Schütze in mir aber das Abenteuer und das (berufliche) Reisen um die Welt.

Was lese ich in einer Hand?

Stell dir einmal vor, deine Hände wären ein Buch, in dem die Story deines Lebens geschrieben steht. Dann wären die verschiedenen Linien die einzelnen Kapitel und die dazu passenden Signale und Zeichen aus Fingern, Bergen und Tälern die verschiedenen Abschnitte in diesen Kapiteln in diesem *Bilder*buch, das nicht mit Buchstaben, sondern mit verschlüsselten Symbolen und Zeichen die Geschichte deines Lebens erzählt. Als Kleinkinder haben wir ja auch über Bilderbücher die Welt kennengelernt. Erinnerst du dich?

Oder stell dir vor, deine Hand ist wie ein Stadtplan, auf dem neben den Hauptstraßen (Lebens-, Liebes-, Schicksals- und Gesundheitslinien) auch alle Nebenwege (wie Beruf, Hausbauen, Kinderkriegen, Unfallgefahr, Krankheitstendenz) und die Sackgassen des Lebens eingezeichnet sind.

Als suchender Anfänger schaut man in eine Hand und sieht nichts außer Linien, Zeichen, Symbole, Kraftfelder und Proportionen und ist trotzdem blind. In einer offenen* Hand kann man aber lesen wie in einem offenen, interessanten Buch. In jeder Hand gibt es diese Linien, Zeichen, Symbole, Kraftfelder und Proportionen, die man, wenn man es erst gelernt hat, deuten kann.

In einem Klavier ist auch solange keine Musik, bis jemand mit den Tasten das Instrument zum Klingen bringt. Natürlich ist es gut, wenn man die Tasten vorher kennt, sonst kommt nur Katzenmusik heraus.

Wenn du also Handlesen willst, mache dir bitte vorher die Mühe, die verschiedenen Linien und Zeichen des Lebens, die in der Hand möglich sind, kennenzulernen. Man kann mit Halbweisheiten und Scheinwissen aus Journalen einen nicht wieder gutzumachenden Schaden anrichten. Das gilt vor allem dann, wenn es um die Aussagen zur Lebensspanne geht.

* Es gibt auch die sogenannten, verschlossenen Hände, die nicht gedeutet werden wollen!

Wie oft mußte ich schon Gästen, denen in einer Kneipe jemand leichtfertig (um sich interessant zu machen) den Tod aus der Hand vorhergesagt hat, den Kopf waschen und die Sache richtigstellen.

Eine Linie alleine sagt noch gar nichts aus. Erst das Zusammenspiel der einzelnen Zeichen erzeugt ein Lebensbild des Menschen. Ein Haar ist doch auch noch keine Frisur, oder?

Weniger reden ist manchmal einfach mehr.

Tip: Wenn du das Handlesen mit professioneller Anleitung erlernen willst, frage doch einmal nach meinen Kursangeboten. Intensive Einzelschulungen sind nach Absprache möglich.

Kontakt: el-fantadu@t-online.de

Zeitangaben in Händen

So, wie beim Kartenlegen das Mischen oft das schwerste ist, ist es beim Handlesen das schwierigste, genaue Zeitangaben zu machen. Ich selber teile die Handlinien in bestimmte Zeitzonen ein.

Ein Problem ist auch, daß man mit zunehmendem Alter das Gefühl hat, die Zeit rast einem davon. Anders ist es in den Linien, dort wird die Zeit in den Linien immer langsamer.

Meine Angaben beruhen auf meinen Erfahrungswerten und können nur ein grobes Raster sein. Weil jeder Mensch ein eigenes Zeitgefühl in sich trägt, kann es von Mensch zu Mensch, von Deuter zu Deuter verschieden sein. Obwohl jeder Tag 24 Stunden hat, erfahren wir je nach Alter die Zeit sehr unterschiedlich. Als Kind vergeht die Zeit zwischen dem letzten und dem nächsten Weihnachten als endloses Warten. Wenn man dann älter wird, hat man oft das Gefühl, die Zeit zwischen den Festen rase nur so dahin.

Die hier im Buch angegebenen Werte sind nur ungefähre Angaben und sollten von deinem eigenen Gefühl und nach deinen gesammelten Erfahrungen immer wieder neu festgelegt werden. Außerdem sollten wir akzeptieren, daß jeder Mensch ein eigenes Zeitgefühl hat. Je älter der Mensch ist, desto weniger Zeit hat er. Denke mal an die spontanen Kinder und die ungeduldigen Rentner in der Warteschlange.

Handlesen bei Peter Pan (Zauberer)

Wir Handleser werden immer wieder gefragt

Wir Handleser werden immer wieder gefragt: »Wann sterbe ich?« –
Meine Antwort: »Das weiß ich nicht, aber ich kann dir sagen, wie
viel Lebenskraft aus genetischer und meiner Erfahrungssicht dir zur
Verfügung steht.«

Was nützt mir eine lange Lebensspanne, wenn ich innerlich keinen
Lebensmut mehr habe und mit 25 nur noch vor dem Fernseher herum-
hänge?

Auch wenn ich mich wiederhole, ich kann es gar nicht oft genug
sagen: Wie schon am Anfang erwähnt, sagt die Länge der Lebenslinie
in gar keinem Fall aus, wie alt ich werden kann. Ich schaue mir zu diesem Thema dann die Gesundheits- und Kopflinie an. Diese ist ein Barometer für meine jetzige Lebensenergie. Ich habe schon gesehen, daß
sich diese Linie beim Deuten und während des Gespräches verändert
hat. Sie füllte sich wie ein vorher ausgetrockneter Kanal mit Wasser,
mit Lebensmut. Dann stand sie nach dem Gespräch, bei dem sich einige
ernsthafte Blockaden auflösten, wie eine »Eins« in der Handlandschaft.
Wenn ich es nicht selber gesehen hätte, würde ich es wahrscheinlich
nicht glauben.

Obwohl die Handlinien schon im Mutterleib ihre erste Grundprägung
erfahren (in den ersten zwei Monaten bilden sich die Grundlinien aus),
können sich diese Linien im Laufe eines Menschenlebens sehr verändern. Sollte ich, aus welchem Grund auch immer, in andere soziale
Kreise, in eine ungewöhnliche Partnerschaft oder durch nicht genetisch
bedingte Krankheiten aus meinem Lebensweg fortgeführt werden,
werden sich auch die dazugehörigen Linien höchstwahrscheinlich nachträglich verändern.

Sogenannte Schicksalsschläge, etwa überraschende Trauerfälle,
Unfälle und Ähnliches, brauchen erfahrungsgemäß oft zwei bis vier
Jahre, bis sie in der Hand eindeutig dokumentiert werden. Das heißt,
sie hinterlassen ihre Spuren nachträglich.

Beispiel: Einer Kundin war überraschend der Partner gestorben, und in ihrer Hand war kein aktueller Verlust sichtbar. Als wir uns nach rund fünf Jahren auf einem Fest in meinem Beratungswagen wieder trafen, hatte sie ein solches eindeutiges Verlustzeichen am richtigen Ort. Dieses Signal konnte mir aber auch sagen, wie sie mit dem Verlust und der Trauer bis jetzt umgegangen ist.

Um es noch einmal zu sagen: Weder mein eigener, noch der plötzliche Tod anderer Personen steht in meiner Hand. Es ist oft nur dokumentiert, wie ich damit umgehe.

Wie lese ich in den Händen?

Es gibt die Möglichkeit, eine Hand Millimeter für Millimeter abzuscannen, um so eine verläßliche Aussage machen zu können. Es gibt heute schon Computerprogramme, die nach diesem System arbeiten und eine erstaunliche, wenn auch begrenzte Aussagegenauigkeit erreichen.

Ich selber schaue in eine Hand und lasse mich durch meine Neugierde und Erfahrung von Linie zu Linie leiten. Dabei spreche ich meine jeweiligen Empfindungen aus und erzähle dem Kunden ohne mein eigenes moralisches Urteil, was ich »sehe und fühle«. Wie oft habe ich dabei schon gedacht: Das kann man doch nicht erzählen, das kann nicht stimmen; aber wenn ich den Kunden gefragt habe, hat es für ihn gestimmt, und er konnte es akzeptieren.

Andererseits habe ich auch schon Dinge erzählt, die meine Kunden so nicht nachvollziehen konnten oder wollten. Als Handleser sollte man dann nicht verkrampft auf seiner Wahrheit bestehen. Zum einen können wir uns irren und zum anderen sollten wir gerade diesem Kunden die Chance geben, uns am nächsten Tag anzurufen mit der Nachricht: »Sie hatten doch recht. – Ich hatte das glatt vergessen!« oder aber auch: »Ich konnte das vor meinem Partner nicht zugeben.«

Bei einer öffentlichen Talkshow in Nördlingen hatte ich einem mir unbekannten Gast erzählt, daß er aktuell großen Streß mit seinem Bruder habe. Das stritt er jedoch vehement ab und sagte ins Mikrofon: »Ich habe keinen Bruder!«

Nach der Show hörte ich vom Moderator, daß dieser Gast in einem stadtbekannten Erbschaftsstreit mit seinem Bruder gelegen hätte und dieser deshalb gestorben sei.

Grundsätzlich gehe ich bei einem Beratungsgespräch erst in die Vergangenheit, dann in das Heute und wenn ich das Gefühl habe, daß ich auf dem richtigen Weg bin auch in die Zukunft meines Probanden. Es wäre ein leichtes zu sagen: »Ab morgen geschieht das und das...« Es ist aber nicht meine Art, die Dinge so in den Raum zu stellen.

Ich stelle mir vor: Ein Haus (das Leben) beginnt im Fundament (Vergangenheit) und nicht im Dachgeschoß (Zukunft). Wenn das Fundament stimmt, ist der Mensch auch im späterem Leben bei eventuellen Krisen belastbarer. Wenn aber in der Kindheit schon im Fundament gepfuscht wurde, ist es später oft schwer genug, Ordnung ins eigene Lebensgebäude zu bringen.

Wenn du das erste Mal bewußt in eine fremde Hand schaust, lasse dir Zeit, viel Zeit.

Versuche bitte niemals, etwas zu erzwingen oder durch dein Vorurteil zu moralisieren.

Jeder Mensch hat ein Recht auf »seine Sicht vom Leben«, vielleicht auch auf seine »Lebenslüge«, ohne die er/sie nicht leben kann. Versuche, nichts zu manipulieren, und sei auch bereit, dich zu irren. Frage ruhig einmal nach, wenn du dir nicht wirklich sicher bist, dann kann eigentlich nichts mehr schiefgehen. Lerne von deinen Gästen, neue unbekannte Farben auch deines eigenen Lebens zu erkennen. Ich sage immer wieder: »Meine Tätigkeit als Hand- und Kartenleser hat *mich* therapiert.«

In einer Hand kann alles geschrieben stehen, muß aber nicht. Es gibt auch Hände, die ich trotz langjähriger Erfahrung nicht deuten kann, die mir verschlossen bleiben. Wenn ich dann dem Kunden ehrlich sage, daß ich nichts sehen kann, höre ich oft:

»Sie haben wohl etwas gesehen, was Sie mir nicht erzählen wollen?«

Andere Hände erzählen mir Dinge, nach denen ich gar nicht gefragt habe. Die schönsten Komplimente sind, wenn die Kunden nach einiger Zeit wiederkommen und sagen: »Hätte ich nur auf Sie gehört, dann wäre mir vieles erspart geblieben«, oder aber auch: »Gut, daß ich auf Sie gehört habe.«

Außerdem bekomme ich auch nach vielen Jahren immer wieder Rückmeldungen von Kunden, daß viele Dinge, wie ich sie vor zwanzig oder dreißig Jahren vorhergesagt habe, eingetroffen sind. Das ist als Kompliment gemeint. Natürlich kann ich mich nicht an jedes einzelne Gespräch erinnern, aber mir ist bewußt, daß die Zeit für mich arbeitet.

Wie oft habe ich im Beratungsgespräch schon gehört: »Das kann nicht sein.« – »Das würde ich nie tun.« – »Das ist unmöglich.« usw. Aber sie haben es in der jeweiligen Situation doch getan. Sie sind über ihren Schatten gesprungen und haben auch mit meiner Motivation ihr Leben gemeistert. Darauf bin ich auch (ein bißchen) stolz.

Auch wenn ich selten langfristige Prognosen stelle, denn als Handleser verstehe ich mich nicht als Hellseher, sondern nur als sensibler Dolmetscher der Handlinien und ihrer untrüglichen Zeichen von Vergangenheit, Gegenwart und Zukunft…

…so habe ich trotzdem oft das Gefühl, hellzusehen.

Wenn wir Botschaften aus der Hand lesen, die gegen jede eigene Erfahrung sprechen und die gegen jede Logik ausgesprochen werden wollen – dann sollten wir sie auch aussprechen und schauen, was unser Gast aus diesen inspirativen Informationen macht.

Nach einem Beratungsgespräch ist er selbst dafür verantwortlich, wie er damit umgeht. Unsere Verantwortung liegt im Aussprechen des

Unlogischen, des Unwahrscheinlichen und darin, die richtigen Worte zu finden, wie ein Dolmetscher des Unsichtbaren, der Zukunft.

Sei verantwortlich für das, was du sagst, wie du es sagst und warum du es sagst.

(Unbekannter Künstler)

Das von mir hier vorgestellte System der sensitiven Handlesekunst beruht auf meinem gesammelten Wissen. Es bezieht die langjährigen Erfahrungen aller Handleser dieser Welt mit ein. Einige, aber nicht alle der alten Theorien kann ich eins zu eins bestätigen. Bei meinen Begegnungen mit weit mehr als 100.000 Klienten über viele Jahrzehnte habe ich viele neue und überprüfbare eigene Erfahrungen machen dürfen.

Nur wer das Übernommene bezweifelt, überprüft oder bestätigen kann, lernt (hoffentlich) daraus.

Die sieben Hauptlinien
in deiner rechten Hand

Weil jeder Mensch auf dieser Welt andere Handlinien hat, sind die hier dargestellten Linien und Handformen bewußt schematisch dargestellt.

Die Linien einer Hand haben bestimmte Namen, zum Beispiel die Lebens- oder Schicksalslinie oder die Kopf- und die Herz- oder Liebeslinie usw.

Im Grunde sind es ja alles Lebenslinien, denn wie in jeder einzelnen Zelle meines Körpers alle genetischen Informationen für den Bauplan meines ganzen Lebens (DNS) enthalten sind, ist in jeder Linie die soziale Information für das ganze Leben, das Vergangene, das Gegenwärtige und das Zukünftige gespeichert.

Ich behaupte: Dort, wo ich gewohnt bin zu lesen, werde ich die Information finden, die ich suche.

Andererseits haben sich im Laufe der Zeit zum Thema Handdeuten Erfahrungswerte gesammelt, die man als »neuer Handleser« beachten und nutzen sollte.

Eine Hand besteht ja nicht nur aus Linien, sondern auch aus dem Handteller, den einzelnen Fingern, der Handwurzel und den verschiedenen Proportionen einer Handaufteilung. Es gibt schmale, breite, kurze, lange und Mischhände. Es gibt trockene und feuchte, blasse und farbige, ruhige und nervöse, und, und…

Natürlich wirst du bei deinen Aussagen auch auf Allgemeinplätze eingehen müssen, denn alle Menschen gehen zur Schule, haben pubertären Streß, haben Beziehungen, usw. Das solltest du dann aber individuell auf die jeweilige Person zugeschnitten erklären.

Ich wünsche dir viel Neugierde beim Lernen!

Die Vorstellung der verschiedenen Handlinien

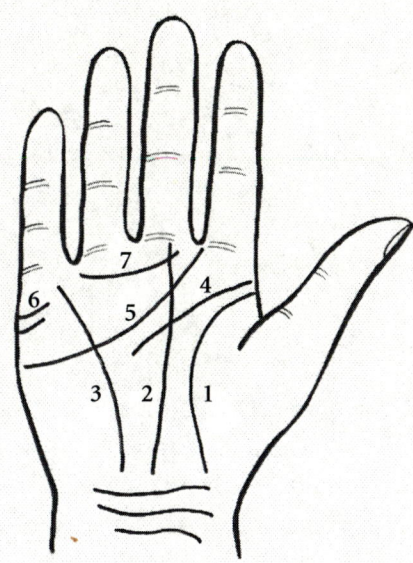

DIE HAUPTLINIEN DEINER RECHTEN HAND

Auf den nächsten Seiten stelle ich dir die sieben wichtigen Hauptlinien deiner rechten Hand vor.

1 Lebenslinie
2 Schicksalslinie
3 Merkurlinie
4 Liebeslinie
5 Gesundheitslinie
6 Beziehungslinie
7 Glückslinie

Weil wir aber im zweiten Kapitel die Hände anderer Menschen kennenlernen und deuten wollen, habe ich zum besseren Verständnis ab Seite 108 die Hände auf den Kopf gestellt und die Beschreibungstexte zum Üben noch einmal eingefügt.

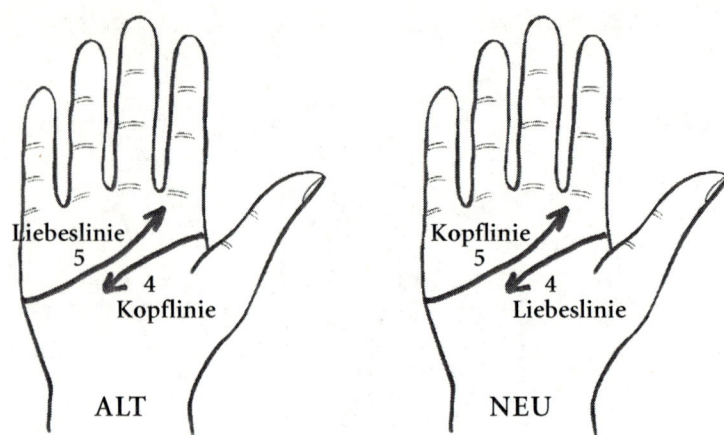

WICHTIG: Entgegen der landläufigen Praxis des Handlesens habe ich die Liebeslinie (4) gegen die Kopflinie (auch Gesundheitslinie) (5) ausgetauscht. So komme ich zu verläßlicheren Aussagen.

Warum? – Ich kann mir nicht vorstellen, daß sich meine Gefühle, mein Sozialverhalten, mein Familiensinn usw. aus dem Nichts entwickeln. Die Entwicklung eines Lebewesens (vom Fötus zum vollständigen Menschen) baut sich Stück für Stück wie ein Puzzle zusammen.

Unser Gefühlsleben (Liebe, Vertrauen, Abneigung) wird im Laufe einer Entwicklung erlernt und ist nicht angeboren.

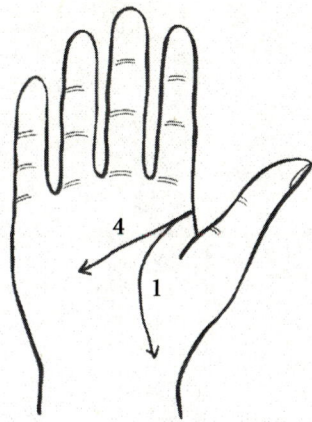

Die Liebeslinie (4) ist in den ersten Jahren mit der Lebenslinie (1) verschmolzen und geht erst mit dem Erwachsenwerden eigene Wege. Wie im echten Leben!

Im Laufe deines Weges als zukünftiger Handleser werden dir hoffentlich alle verschiedenen Hände dieser Welt begegnen.

Dieser Kurs ist nur als Einstieg in die fantastische Welt der Handlesekunst gedacht. Irgendwann wirst du merken, daß du mit diesen ersten Hinweisen und Tips nicht weiterkommst, und vielleicht auch eigene Theorien entwickeln. Das wäre mein Wunsch für dich und deine Neugierde.

Ich wünsche dir viel Freude und Anregung beim Lernen mit diesem Buch!

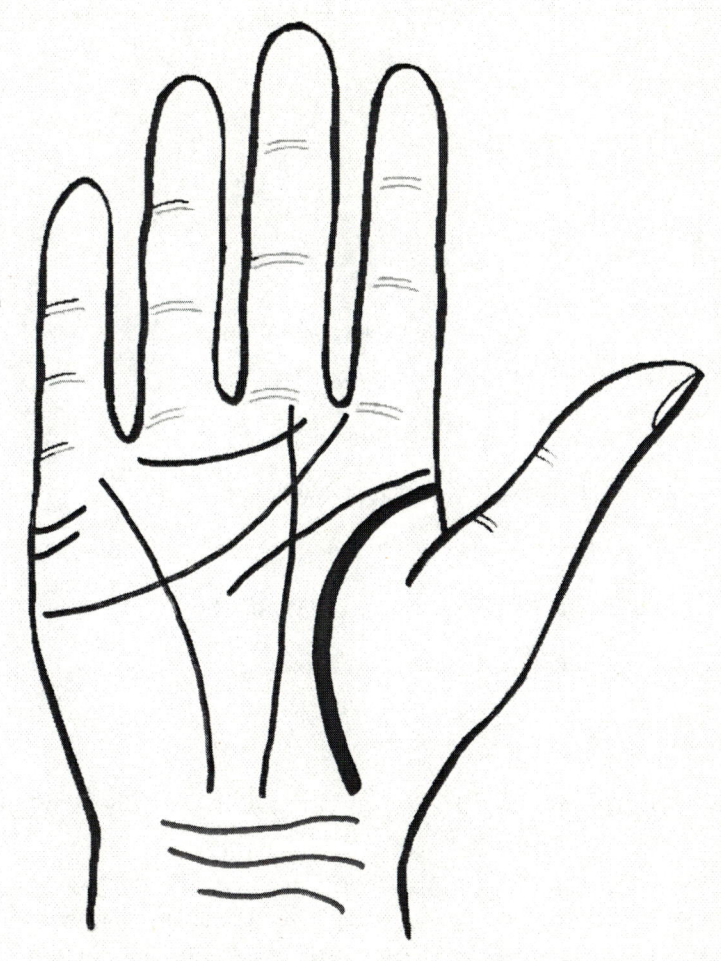

DEINE LEBENS- ODER SOZIALLINIE (1)

Die Lebens- oder Soziallinie (1)

In dieser Linie sind unsere sozialen Verhaltensmuster und Kontakt-
bedürfnisse zur äußeren Welt gespeichert:

Wie reagiere ich auf die »anderen«?

Welche Akzeptanz brauche ich selber?

Wie viel Energie besitze ich und wie gehe ich damit um?

Wie groß ist mein Lebens- und Berufsradius?

Was sind meine wichtigsten Lebensstationen?

Wo werde ich leben? (Ortswechsel)

In der Lebenslinie steht nicht geschrieben, wie *alt* ich werde, sondern
nur, *wie* ich alt werde.

Wenn wir bedenken, daß wir durch Zeugung und Geburt und in den
ersten Lebensjahren durch unsere Eltern und Erzieher geprägt sind und
uns erst mit dem Erwachsenwerden hoffentlich im Guten emanzipieren

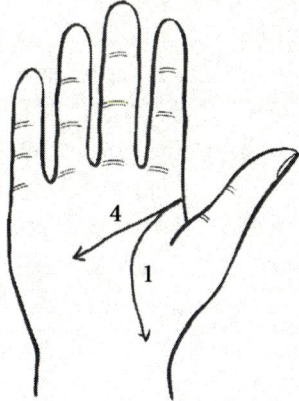

1 - Sanftes Abnabeln…

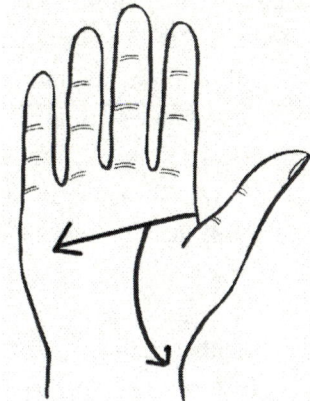

2 - Radikales Abnabeln…

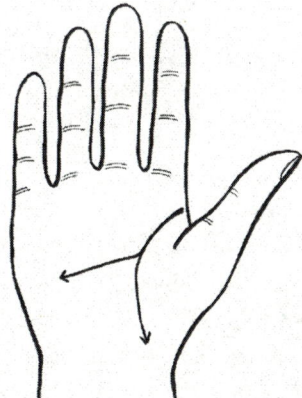

3 - Sehr spätes Loslassen…

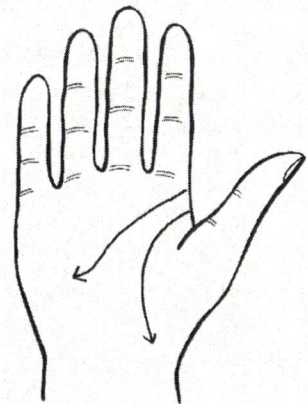

4 - Frühes Distanzieren…

…vom Elternhaus (Erziehungshaus)

(Abnabelung), ist es für mich nur logisch, daß daraus mein Verhalten im öffentlichen Bereich *(Sozialline 1)* wie auch meine individuellen Beziehungsmöglichkeiten *(Beziehungslinie 4)* am Anfang meines Lebens parallel, aber miteinander verwoben entstehen.

Nach meiner langjährigen Erfahrung beim Handlesen verlaufen meine *Lebenslinie 1* und meine *Herzlinie 4* im ersten Lebensabschnitt gemeinsam. Danach trennen sie sich auf unterschiedliche Art, siehe Zeichnung 1, 2 und 3. Auf der Zeichnung 4 ist eine typische Distanzierung vom Elternhaus sichtbar. Je weiter die Linien 1 und 4 auseinander liegen, desto mehr gehe ich meinen eigenen Weg. Oft ist es so, daß ich schon als Kind meine Eltern nicht anerkennen kann oder mich ihnen fremd fühle. Sehr oft ist es dann auch so, daß ich mich aus Trotz, um von Zuhause wegzukommen, viel zu früh in eine Partnerschaft flüchte oder meine Eltern nicht zu meiner Hochzeit kommen wollen. – Sollten meine Eltern aber die besten der Welt sein, werde ich wahrscheinlich von meinen zukünftigen Schwiegereltern nicht akzeptiert.

Dies sind nur vier von unzähligen Beispielen, wie sich unsere Entwicklung aus dem Elternhaus darstellen kann. Wenn dort Anzeichen stehen, die ich hier beschrieben habe, folge deinem Gefühl und sprich aus, was du empfindest.

Die Lebens- oder Soziallinie beginnt zwischen Daumen und Zeigefinger und läuft in Richtung Handwurzel. Am Anfang dieser Linie gibt es in der Kuhle zwischen Daumen und Zeigefinger einen Bereich, der als Punkt, Insel oder Kreuz sichtbar ist und der den Beginn eines Menschenlebens zuverlässig dokumentiert.

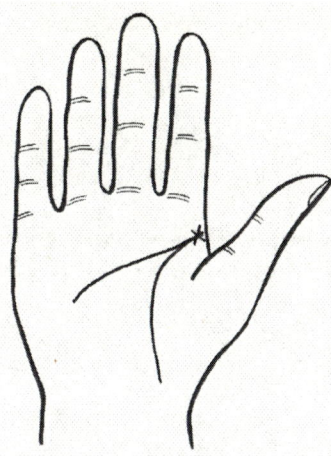

Der Zeugungspunkt

Nach der alten chinesischen Philosophie beginnt das Leben mit der Zeugung und nicht mit der Geburt. Je nachdem, welche Energie dieses Zeichen ausstrahlt, kann man erkennen, ob es eine glückliche und willkommene oder eine dramatische Zeugung und Schwangerschaft gegeben hat.

Mir ist bewußt, daß ein Zweizellenfötus noch nicht denken kann, aber er spürt instinktiv, ob er im Leben seiner zukünftigen Eltern in Liebe willkommen ist oder ob sie – im schlimmsten Fall – an eine Abtreibung denken. Diese ersten pränatalen Empfindungen prägen ein Leben lang mein Vertrauen oder eben mein oft unerklärbares Mißtrauen in meine Umwelt, und das kann ein geübter Handleser schon in einem einzelnen Punkt erkennen.

Alle Einschnitte, Kreuze, Inseln und anderen Zeichen vor diesem *Zeugungspunkt* beschreiben die Herkunft und den sozialen Status meiner Eltern vor meiner Zeugung. Die Zeichen in Richtung Zeigefinger weisen auf den mütterlichen und die Zeichen in Richtung Daumen auf den väterlichen Einfluß (Weg) hin. Dort steht geschrieben, ob die

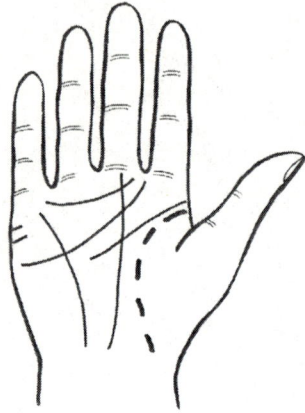

5 - Unterbrochene
Lebenslinie

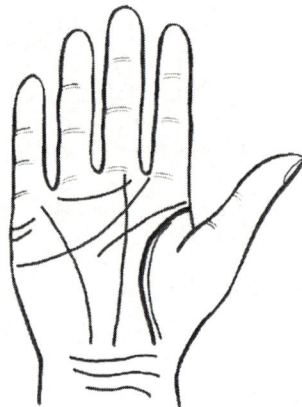

6 - Doppelte
Lebenslinie

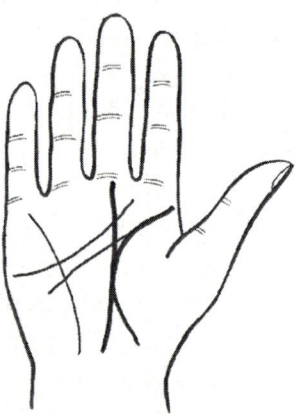

7 - Verbindung mit
Schicksalslinie

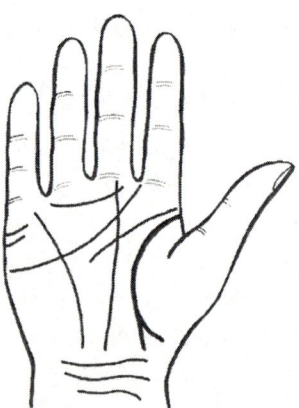

8 - Lebenslinie gabelt sich
am Ende

(Das sind nur vier von unzähligen Möglichkeiten.)

Partner aus demselben Lebenskreis kommen oder aus verschiedenen (sozialen) Richtungen zueinandergefunden haben; ob zum Zeitpunkt meiner Zeugung eine Chance für eine lange oder eine kurze gestreßte Beziehung bestand.

In den Signalen über diesem Zeugungspunkt finde ich Hinweise auf meine Kindheit und ob meine Eltern stark genug waren, sich gegen ihre hoffentlich gutmeinenden Eltern (meine Großeltern) durchzusetzen oder ob diese, egal aus welchem Grund auch immer, meine wichtigsten Bezugspersonen gewesen sind.

Diesen Zeugungspunkt müssen wir sehr sensibel beschreiben, denn wir wollen unsere Klienten nicht unnötig erschrecken. Sie wissen oft selbst nicht, wann und wo sie gezeugt wurden. Manchmal wissen es die Eltern nicht einmal selbst.

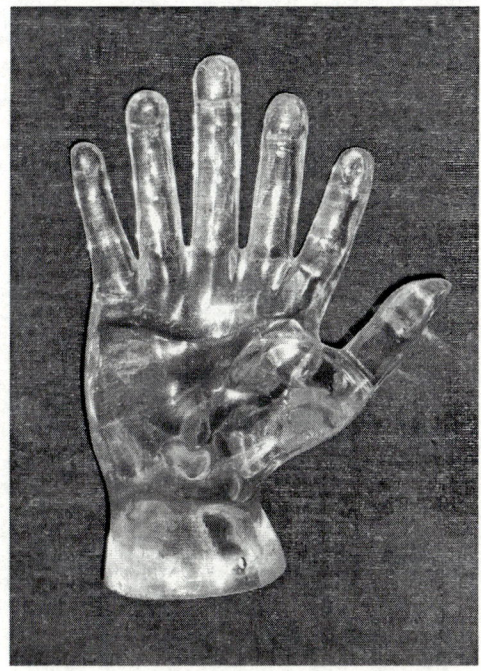

Seltene Glückshand mit sechs Fingern

Manchmal sieht man auch Hinweise, die darauf schließen lassen, daß ein Mensch im Heim oder bei Adoptiveltern sein Zuhause hatte oder sich vielleicht sogar andere Eltern gewünscht hat. Die Stärke der Linien läßt Rückschlüsse auf das natürliche Durchsetzungsvermögen im Leben zu.

Eine starke, fast durchgezogene Linie läßt auf ein robustes, zielgerichtetes Leben schließen. Eine durchgehend weiche Linie dagegen auf einen Menschen, der auf seine flexible Art und Weise auch alles im Leben erreicht. Ist diese Linie oft unterbrochen (5), zerrissen oder von Querlinien geteilt, spricht das für einen Menschen, der in der Lebensenergie häufig mit dem sogenannten Schicksal konfrontiert wird, und wie er höchstwahrscheinlich damit umgeht.

Ist diese Linie harmonisch und sichelförmig um den dazugehörigen Handballen angelegt, spricht das eher für einen Menschen, der wohl niemals ernsthaft erwachsen wird. Das muß aber kein Nachteil sein.

Ist aber im ersten Viertel ein Haken oder Winkel sichtbar, beschreibt dieser den Zeitpunkt und die Art und Weise, wie und wann er bewußt erwachsen geworden ist. (1) Aus meiner Sicht ist ein Mensch mit 18 Jahren nicht automatisch erwachsen, sondern nur volljährig. Er ist erst wirklich erwachsen, wenn er die volle Verantwortung für sich und sein Handeln übernimmt; wenn er oder sie nicht mehr sagt: »Der oder die sind schuld, weil …« – Wenn ich bewußt immer wieder sagen kann: »Ich bin verantwortlich dafür, daß ich glücklich bin«, dann bin ich wirklich erwachsen!

Ich selber bin mit knapp 18 Jahren als Seemann nach Amerika, Kanada und später bis nach Japan gekommen. Volljährig wurde man damals noch mit 21, aber erwachsen bin ich erst so um die 34 geworden. Ich habe damals angefangen, mein Leben bewußter zu leben und Entscheidungen zu treffen, hinter denen ich stehen konnte. Das kann man an meinen persönlichen Linien heute noch erkennen.

Wenn diese Linie sich am Ende gabelt (8), spricht das für ein Kommunikationstalent oder, im Negativen, für jemanden, der sich gerne verzettelt. Ich kenne viele Kunden mit einer solchen Gabelung, die im Alter als Dozent oder ähnliches arbeiten. Sollten im oberen Bereich auch noch viele Kreuze zu finden sein, spricht das für einen kreativen Menschen, einen Lebenskünstler, der nur im Streß und Chaos leistungsfähig ist.

Wenn neben der Hauptlebenslinie eine zweite oder dritte Linie (6) verläuft, spricht das von einem Typus, der gern auf »Nummer Sicher« geht oder in zwei Welten zu Hause ist; der andererseits aber auch sehr belastbar ist und gerne mal eine Überstunde macht, einen zweiten Beruf oder ein sehr intensives Hobby hat und gerne Fortbildungskurse besucht.

Wenn die Lebenslinie (7) sich sehr nah an die Schicksalslinie anlegt oder sich sogar eine Zeitlang mit dieser verbindet, wird dieser Mensch alles tun, um ein öffentliches Amt zu erreichen. – Ob er dabei die Chance hat, Bundeskanzler zu werden oder nur erster Vorsitzender im Kegelverein, hat auch mit den Möglichkeiten seiner Sozialkontakte zu tun. Auf jeden Fall tragen diese Menschen gerne die öffentliche Verantwortung in ihrem Lebensbereich, sei es auf der Arbeit oder in einem engagierten, sozialen Hobby. – Solche Menschen braucht das Land!

Handlesen auf einer Geburtstagsfeier

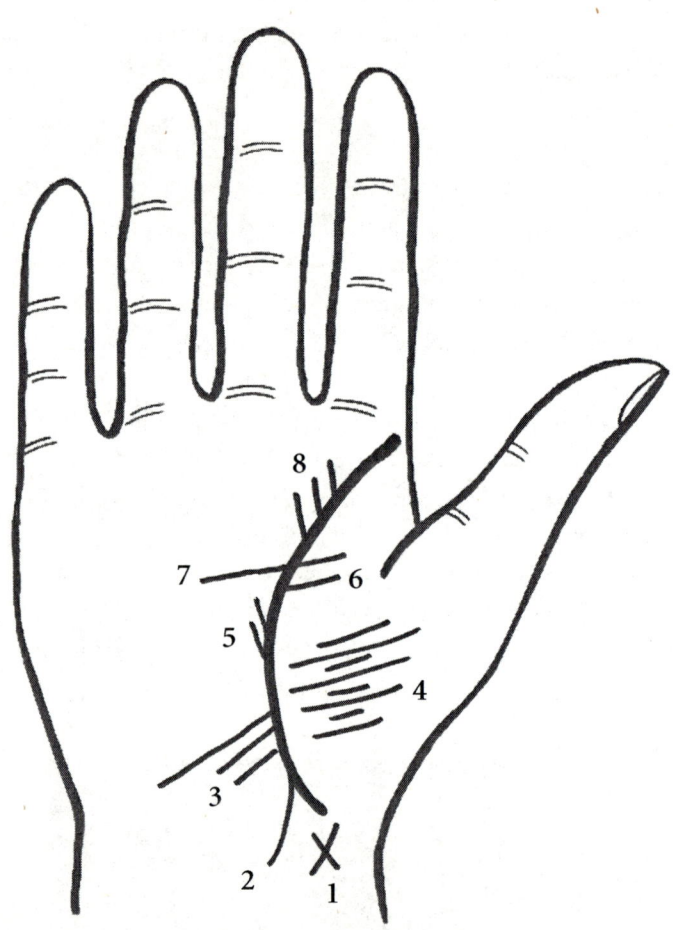

1 *Extrovertierter Mensch*
2 *Schriftstellergabel*
3 *Reisefreudig*
4 *Ordnungsliebender Chaot*

5 *Berufliche Verantwortung*
6 *Hausbauen*
7 *Ortsveränderungen*
8 *Bindungen zum Elternhaus*

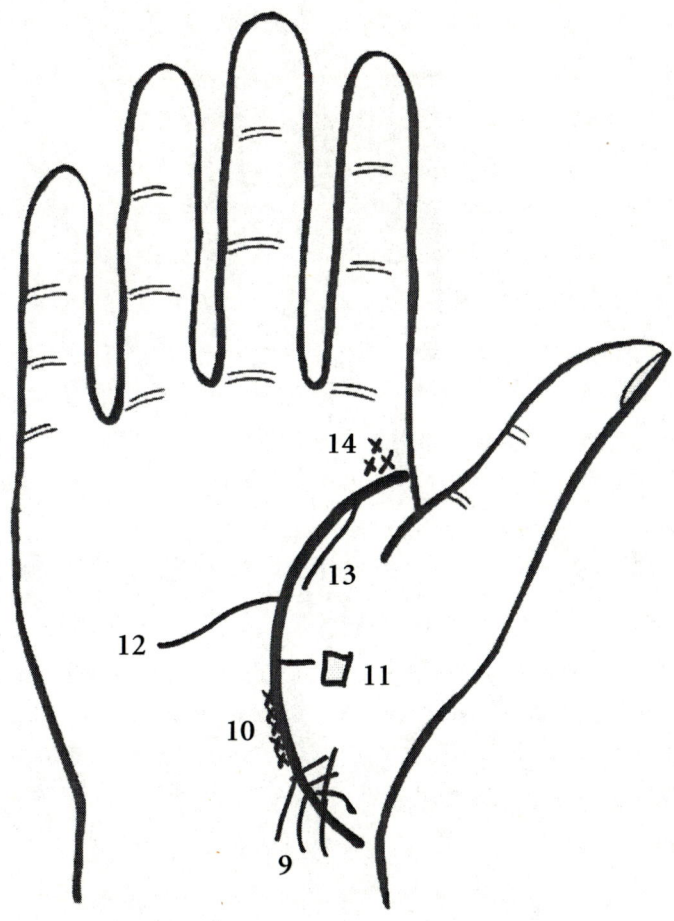

9 Zerrissenheit im Alter
10 Soziales Engagement
11 Haus oder Grundstück erben

12 Umzug in die Ferne
13 Zweiter Bildungsweg
14 Geerbte Kreativität

77

Zwischenbemerkung

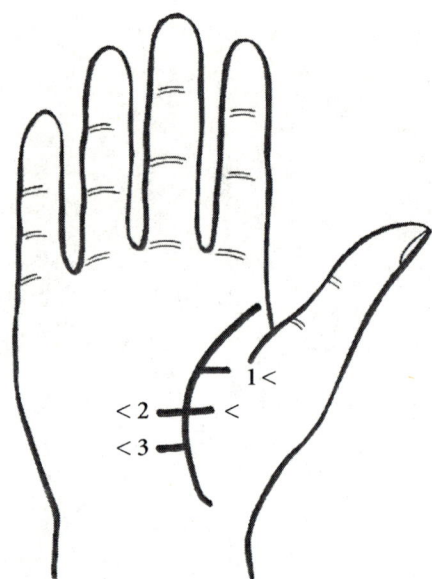

Wichtige Ereignisse im Leben, die bleiben (1),
die durchgehen (2) oder als Verluste (3) sich zeigen.

Diese Zeichen sind auf jede Linie übertragbar. Sie gehen immer von
rechts nach links oder von oben nach unten. Je stärker die Linien ausgebildet sind, desto intensiver ist das Ereignis. So kann man auch
Ereignisse aus der Vergangenheit zeitlich gut einschätzen.

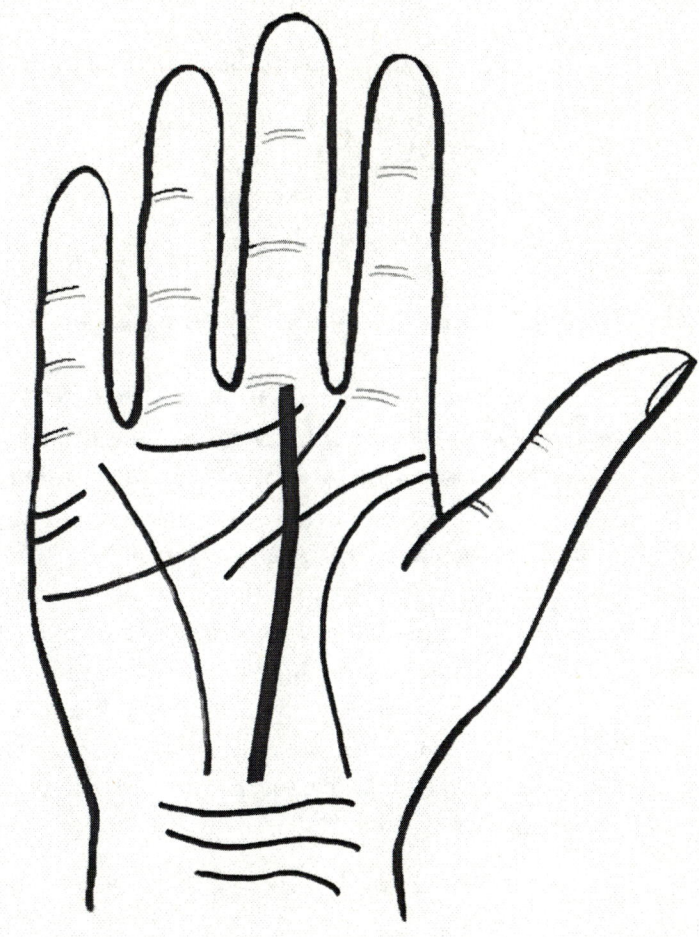

DEINE SCHICKSALSLINIE (2)

*Was ist Schicksal? – Nur eine weitere Kreuzung auf dem
Lebensweg? – Oder eine weitere Chance!*

79

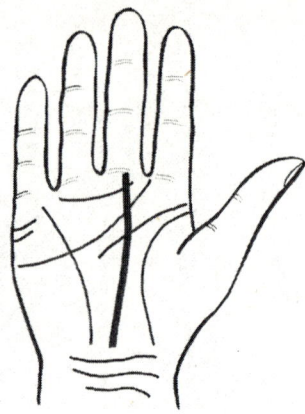

Die Schicksalslinie (2) – äußere Einflüsse

Auch wenn wir an Selbstbestimmung glauben, wir sind zu bestimmten Zeiten durch äußere Einflüsse fremdbestimmt und nennen das dann »Schicksal«. Daß dieses Schicksal auch Glück für uns sein kann, ist oft ein schwieriger Lernprozeß. Das Schicksal ist nie selbstgemacht, aber wir warten manchmal darauf, daß uns jemand eine (Ent-)Scheidung abnimmt.

Diese Linie kreuzt oft andere Linien. Wo diese sind, geschehen wichtige Dinge in unserem jeweiligen Lebensabschnitt. Es sind die Wegkreuze oder Kreuze am Weg unseres Lebens. Wir müssen dann, wenn wir nicht daran zerbrechen wollen, beweisen, daß wir die Meister unseres eigenen Lebens sind, müssen zeigen, daß wir aktiv agieren und nicht nur passiv reagieren.

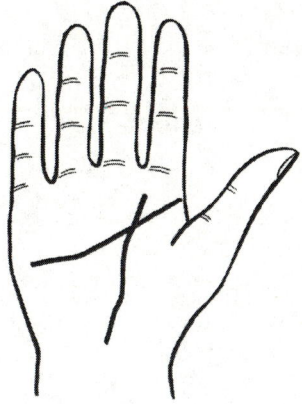

*17 - Schicksal mit
ungefähr 24*

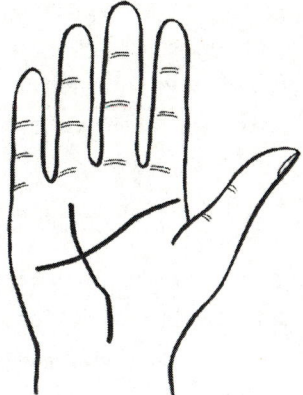

*18 - Schicksal mit
etwa 63*

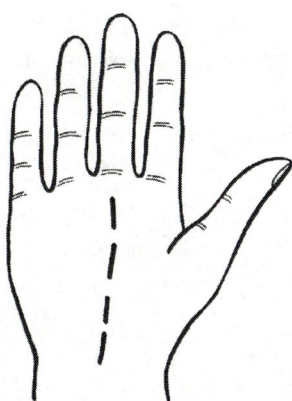

*19 - Wenig Begegnung mit
dem Schicksal*

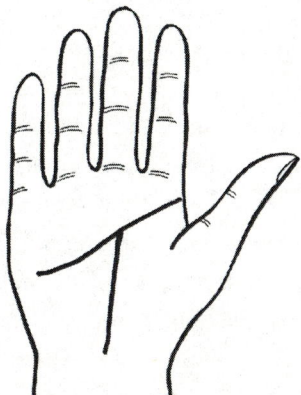

*20 – Kommt und bleibt: die
große Liebe mit etwa 32.*

Die vielzitierte *Schicksalslinie* teilt meine Hand in eine »bewußte«, dem Daumen zugewandte und in eine dem kleinen Finger zugewandte unbewußte Seite. Zum anderen – je nachdem, wo diese Linie durch meine Liebes- oder Gesundheitslinie verläuft (17 + 18) – wird mein Leben vom sogenannten Schicksal berührt. Dann verändert sich mein Leben, oft von einer auf die andere Minute. Wenn ich ein Optimist bin, wird durch »schicksalhafte Umstände« alles besser. Für einen Pessimisten gibt es immer einen Grund, frustriert zu sein.

Ich erzähle dazu gerne diese Geschichte:

Einer mittlerweile etwas älteren Kundin sagte ich im Beratungsgespräch: »Mit etwa 42 Jahren hast du dich scheiden lassen.«

»Nein«, war ihre überzeugte Antwort, »in diesem Jahr bin ich Witwe geworden!

Aber eigentlich haben Sie doch recht. Ich wollte mich zu der Zeit scheiden lassen, die Papiere waren schon unterwegs, da hat mein Mann einen Verkehrsunfall nicht überlebt.«

Das Problem war, daß sie sich viele Jahre eine unbewußte (Mit-) Schuld eingeredet hat. Sie wollte ihn ja loswerden, aber nicht so.

Oft übernimmt die *Schicksalslinie* aber auch die Funktion einer Ersatzlebenslinie. Dann hat man das Gefühl, mitten im Feuer des Lebens zu stehen, und fühlt sich oft manipuliert und fremdbestimmt. Dann muß man mehr reagieren und kann weniger selber agieren.

Andererseits kann ich mich aber auch darüber freuen, daß ich ein lebendiger Mensch bin, der aktiv am Leben teilnimmt und weiß, daß morgen wieder etwas Neues geschieht.

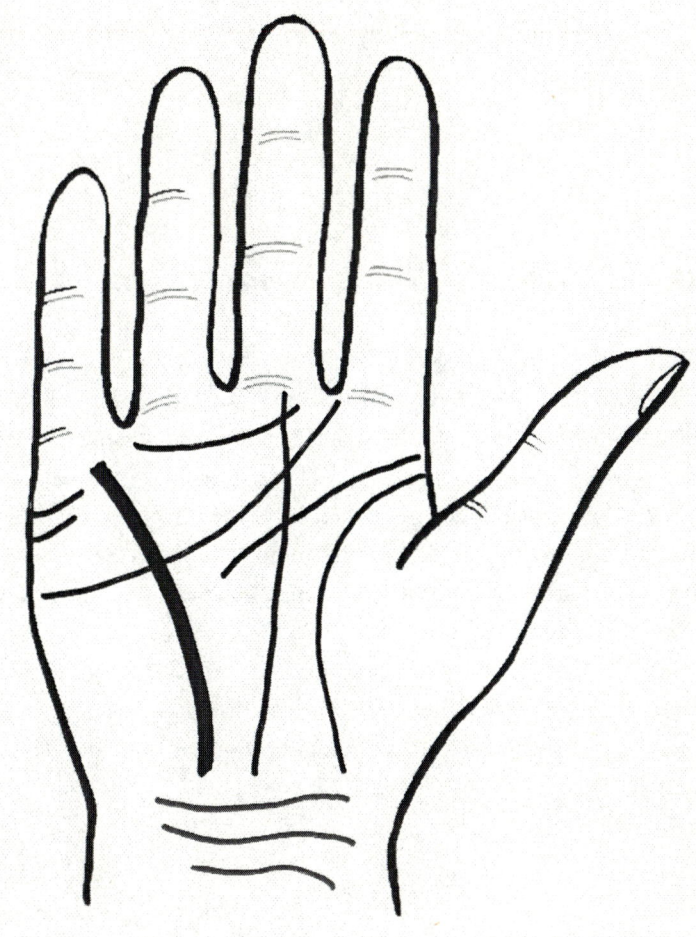

DEINE MERKURLINIE (3)
DIE SEITE DES MONDES IM MENSCHEN

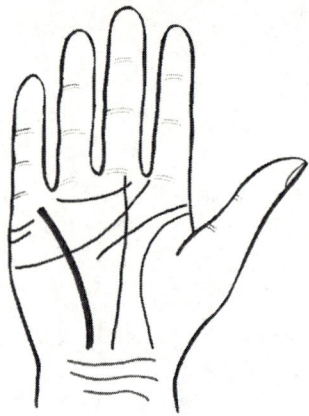

Die Merkurlinie (3) – Kommunikation

Unsere Kommunikation ist zu 90 % unabhängig von der Sprache. In diesem Bereich ist das Unbewußte zu Hause. Es ist die Linie oder Seite des Mondes in mir, mein Instinkt für andere Menschen (mein »Bauchgefühl«). Entweder ich mag jemanden oder nicht. Aber auch meine ganze Psychosomatik und Sensibilität haben hier ihr Zuhause. Mein Kunst- und Kulturbedürfnis und meine eigene Kreativität haben hier ihr Kraftfeld. Mit anderen Worten: alles was nicht logisch, rational und vernünftig ist. Ist doch toll, oder?

   Wenn diese Linie fehlt, auch das kann vorkommen, ist es kein Beinbruch für den Besitzer dieser Hand. Vielleicht ist es ja auch ein Glück, sich nicht »jeden Schuh anziehen« zu müssen, wie der Volksmund so schön sagt.

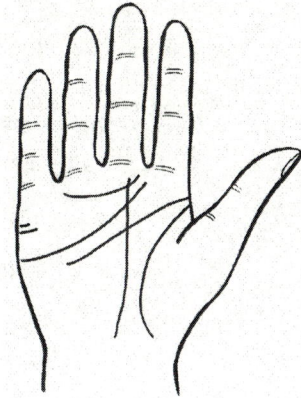

20 - Da fehlt doch etwas...

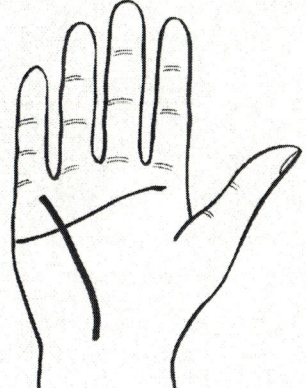

21 – Instinktsicher

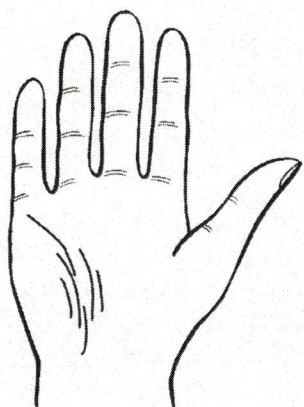

22 – Hypersensibel

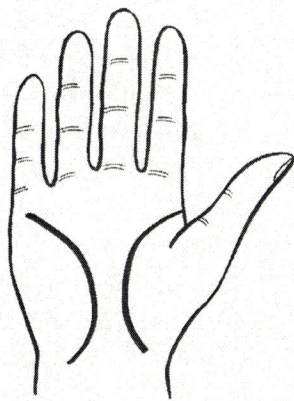

23 - Praktischer Heiler

Die Merkurlinie, das ist die Linie, welche von der Handwurzel zum kleinen Finger verläuft. Sie spricht von der Sensibilität und Intuition eines Menschen. Ist diese Linie auffallend dünn und zerrissen (22), spricht das meist für einen labilen und unsicheren Menschen, der sich oft hinter psychosomatischen Krankheiten und Wehwehchen versteckt, für einen Menschen, der nie wirklich gelernt hat, »nein« zu sagen.

Als ich selber anfing, bewußt meine Hände zu betrachten, hatte ich unzählige kleine, dünne Linien, wo heute eine kräftige Linie verläuft. Diese vielen Linien schlossen sich mit dem Wachsen meines Selbstvertrauens zusammen.

Als introvertierter Mensch neige ich dazu, mich für alles verantwortlich zu fühlen und dem Leben gegenüber sehr mißtrauisch zu sein. Im extremen Fall sammele ich dann Krankheiten wie andere Leute Briefmarken.

Als extrovertierter Typ dagegen versuche ich, anderen Menschen zu helfen und diese gar mit meiner eigenen Unsicherheit zu bevormunden.

Eine starke, zielgerichtete Linie (21) zeugt oft von einer künstlerischen, spirituellen Persönlichkeit. Ob dieser Mensch seine Talente auch praktisch einsetzen kann, ist eine andere Sache. Viele sensible Menschen sind zu »esoterisch« für diese Welt und kommen sehr oft mit ihrer realistischen, vernünftigen Umwelt nicht wirklich klar.

Eine runde Merkurlinie (23) bildet einen Mondberg. Ist diese Linie stark ausgeprägt, haben diese Menschen die Fähigkeit, als spirituelle Heiler zu arbeiten. Wenn der Venusberg (Daumen) genauso stark ausgeprägt ist, zeugt das von einem künstlerisch begabten Handwerker.

Das Ausbleiben dieser Linie (20) finden wir oft bei den sogenannten Realisten, Menschen, die nur glauben, was sie sehen und anfassen können.

Wenn du dir diese Linie anschaust, solltest du das der Linie entsprechend mit viel Zeit und Gefühl tun: dich einfach *hineinfühlen*.

Wenn mich meine Gäste fragen,
ob sie das Beratungsgespräch mitschreiben
dürfen, sage ich gerne:
»Höre mit deinem Herzen zu,
dein Kopf versteht es erst später!«
Auf Wunsch nehme ich unser Gespräch
als Erinnerungsstütze
auf eine Kassette oder CD auf.

Handlesen in meinem Beratungswagen

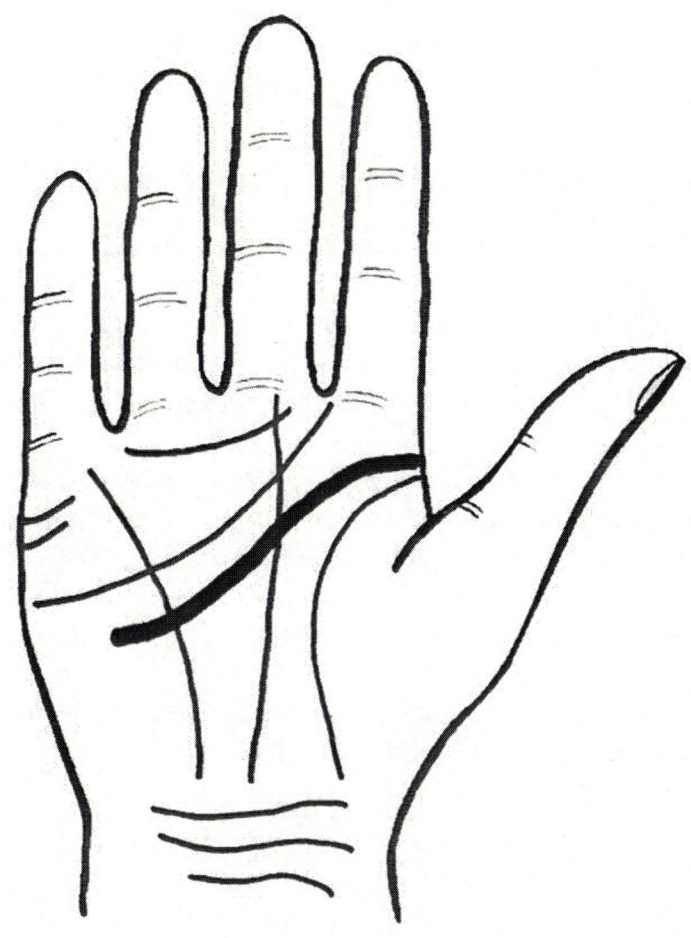

Deine Liebes- oder Beziehungslinie (4)

Die Liebes-, Herz oder Beziehungslinie (4)

Der Volksmund nennt sie »Liebeslinie«. Hier sind die Zeichen für die Beziehungsmöglichkeiten zu unseren Partnern sichtbar, zu Eltern und Kindern, zu Ehe- und Liebespartnern aber auch zu uns selbst, ebenso Affären.

Durch unsere ersten Sozialprägungen, die bereits im Mutterleib bei der Zeugung beginnen, wird festgelegt, wie viel Vertrauen wir zu unserem Gegenüber und zu uns selbst entwickeln können. Wir spüren ohne Worte (ein Fötus kann noch nicht denken, aber fühlen), ob und wie wir in unserem Elternnest willkommen sind; ob wir geliebt werden oder nur geduldet sind!

Das Wichtigste ist nämlich, daß wir uns selber lieben, sonst können wir nicht geliebt werden! So einfach ist das!

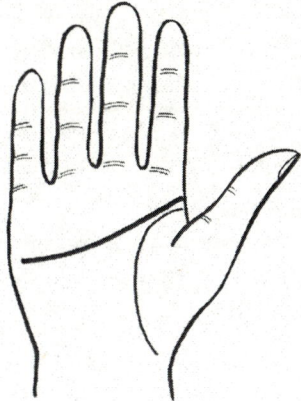

*9 - Stabile Beziehung,
absolute Treue*

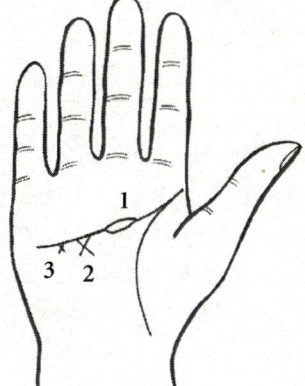

*10 - Freiräume (1),
große (2) und
kleine (3) Affären*

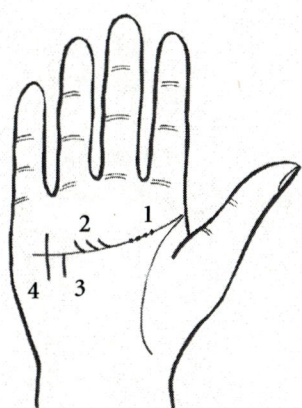

*11 - Eifersucht (1)
Verlustängste (2)
Neue Liebe (3) Trauer (4)*

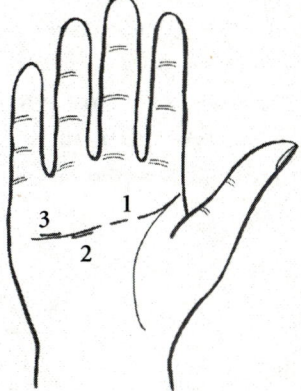

*12 -Beziehungsschwäche
Braucht Freiräume (1)
Geheime Liebe (2 + 3)*

Die Liebes-, Herz- oder Beziehungslinie gibt es in mindestens zwei Varianten. Zum einen wächst sie als logische Folge Y-förmig aus der Lebenslinie heraus, oder sie entwickelt sich als parallele Linie dazu. Je weiter diese sich von ihr entfernt, desto größer ist oft die Distanz zum Elternhaus. Menschen, die aus Trotz heiraten, haben oft so eine Linie. Diese verläuft im Idealfall in Richtung Mondberg. Das ist der Handberg, der unter dem kleinen Finger verläuft. Die Länge und Beschaffenheit dieser Linie spricht von meinem Partnerschaftsverhalten, dem Familiensinn und meinem Treueverständnis (9).

Außerdem beschreibt sie meine Verlust- und Bindungsängste (11), mein Trauerverhalten (11/4) und mein soziales Gesellschaftsgefühl (Freundschaften). Inseln in der Linie sprechen von zeitweiligen Trennungen, durch Beruf oder aus anderen Gründen (10/1), Querlinien von dauerhaften Trennungen und menschlichen Verlusten, Punkte und Kreuze vom Kinderwunsch, aber auch von Trauerarbeit bei möglichen gewollten oder ungewollten Fehlgeburten (11/1). Diese finden sich erstaunlicherweise auch bei Männern, die ihre Kinder ernst nehmen.

In der Hand sieht man nicht, wie viele Kinder ich habe, sondern wie viele zu mir passen. Dabei ist es scheinbar gleichgültig, ob ich die Kinder selber gezeugt beziehungsweise geboren habe oder durch Einheirat oder Adoption zu Vater beziehungsweise Mutter geworden bin. – Manchmal haben diese Menschen aber keine Kinder, sondern Tiere, die ihre Familie ergänzen.

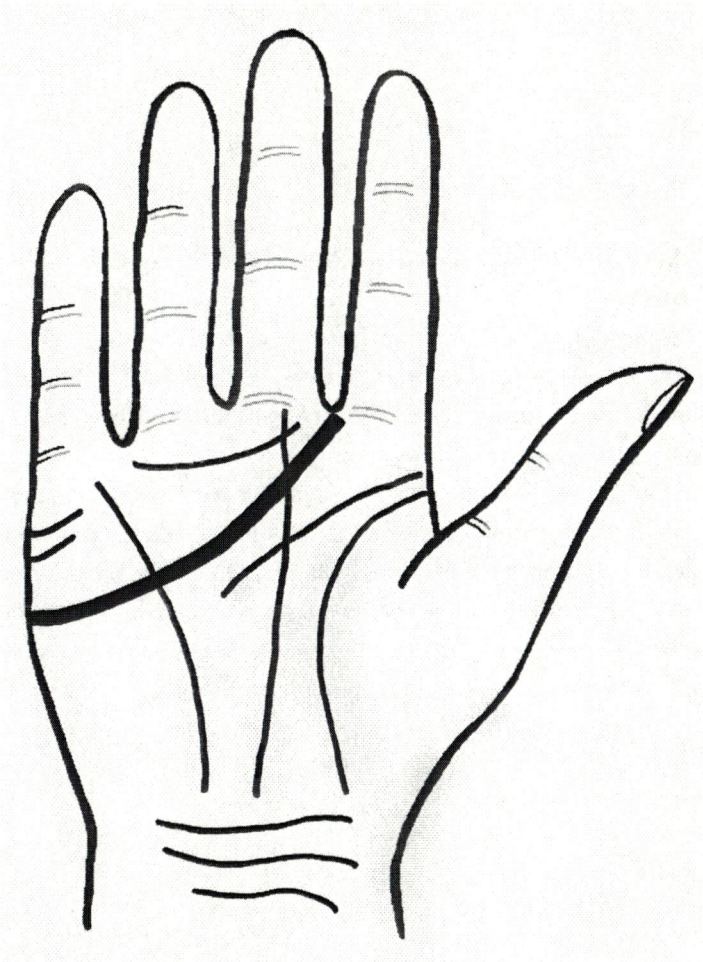

Deine seelische Kopf- oder Gesundheitslinie (5)

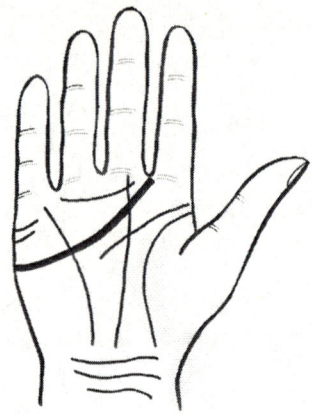

Die Kopf- oder Gesundheitslinie (5)

Hier findet unsere Logik ihre Entsprechung. Hier findet sich die Kraft der Gedanken, aber auch, in Verbindung mit der Merkurline, die Verletzlichkeit unserer Seele. Unsere Reflektion darauf besteht oft aus psychosomatischen Reaktionen.

Daß unsere Gesundheit auch Kopf- und Seelensache ist, kann dir jeder Arzt bestätigen. Wenn meine Seele es nicht zuläßt, kann mir kein Arzt der Welt helfen, wieder gesund zu werden.

In dieser Linie dokumentiert sich meine Lebenskraft, mein Überlebenswille. Sie ist wie ein Barometer; keine Linie verändert sich im Zusammenhang mit meinen äußeren Belastungen so schnell.

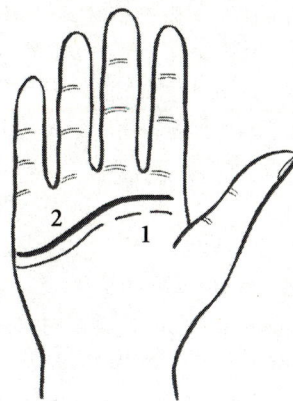

13 - Schwache Energie (1)
Starke Energie (2)
(jede Linie nur einmal)

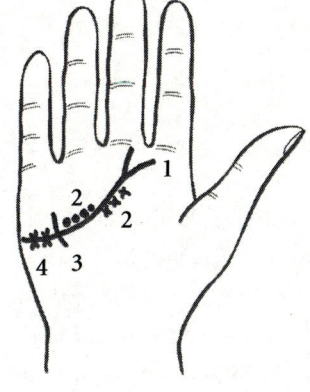

14 - Fremdsprachen (1)
Allergien (2) Unfall (3)
Seelische Belastungen (4)

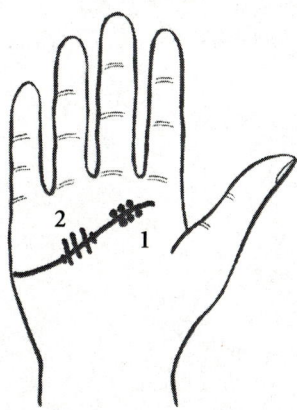

15 - Magen & Darm (1)
Luftwege (2)

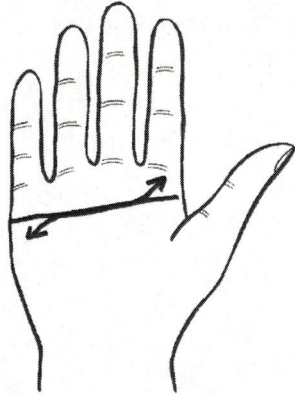

16 - Gesperrte Hand,
kann nicht logisch sein

Die Kopf- oder Gesundheitslinie (5) fängt am Mondberg unterhalb des kleinen Fingers an und läuft in verschiedenen Variationen in Richtung Zeigefinger. An dieser Linie erkennt man den Lebenswillen (13/1 + 2) und die Lebenserwartung des Menschen (was erwartet der Mensch vom Leben). Außerdem ist sie in Verbindung mit der Merkurlinie oft ein Signal für seelische oder psychosomatische Krankheiten (14/4) (15/1 + 2), für längere Krankenhausaufenthalte,* für Nieren, Leber, Luftwege, Knochen und vieles mehr (14/2 + 3).

Es stellte sich im Gespräch dann heraus, daß sie zur besagten Zeit fast täglich ihren Vater im Krankenhaus besucht hat. Das hat ihr damaliges Leben doch sehr eingeschränkt. – Was soll uns diese Geschichte erklären? – Wenn du mit deinen Deutungen nicht weiterkommst oder auf ein massives Nein stößt, ruhig mal aus einer anderen Sicht die Dinge hinterfragen. Oft ist die Lösung, wie in diesem Fall, sehr nah.

Andererseits habe ich in dieser Linie auch schon sehr oft das Talent für Fremdsprachen (Bild 14/1) lokalisiert – das waren dann aber häufig auch Menschen, die aus dem Ausland kamen oder nur einen anderen Dialekt sprachen.

---

* Das muß mich nicht immer selbst betreffen. Ich habe einmal eine Kundin beraten und gefragt, ob sie über einen bestimmten Zeitraum länger in einem Krankenhaus war. »Nein«, war ihre Antwort. Da Hände nicht lügen, mußte es eine andere Antwort auf diese Frage geben. Diese galt es nun herauszufinden.

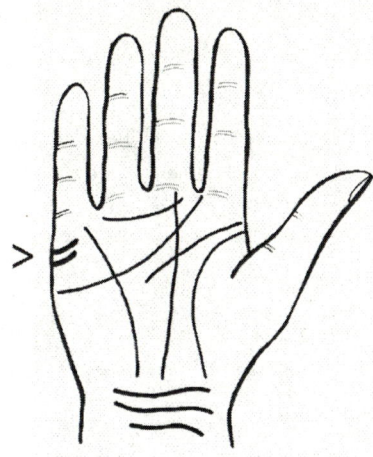

Die Ehelinien (Kinderlinien) (6)

Im Gegensatz zur landläufigen Meinung sehe ich hier nicht die Anzahl meiner möglichen Kinder, sondern meine ernsthaften Ehen und Beziehungen. Wie oft habe ich schon Laien gesehen, die hier nach der Anzahl der Kinder gesehen und sie gefunden haben wollen. Das ist, gelinde gesagt, Blödsinn!

Ich habe in meiner langjährigen Handlesepraxis herausgefunden, daß hier nur die Anzahl meiner ernsthaften Bindungen zu Partnern und wichtigen lebenslangen Freundschaften dokumentiert ist. Ein guter Freund ist oft mehr wert als zehn schlechte Liebhaber, sagte schon meine Oma.

Vielleicht stehen hier ja auch die Anzahl der Kinder, aber das wäre dann purer Zufall (probiere es selber aus).

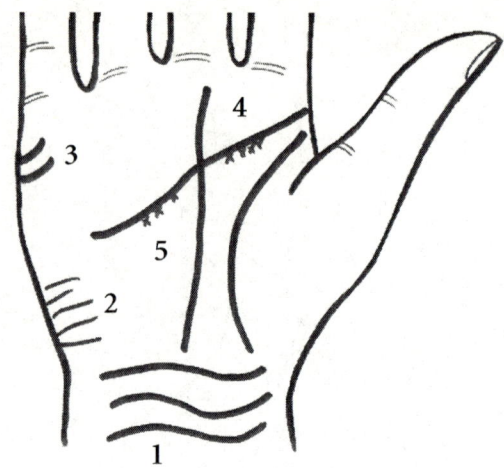

Raszetten & Co

Entgegen alter Handlesetradition (jede volle Linie steht für zwanzig Lebensjahre), können wir an den **Raszetten** (1) das zu erwartende Alter nicht wirklich ablesen. Die Reiselinien (2) sprechen von großen Reisewünschen. (Wohl dem, der es sich leisten kann!) An der Hand- innenseite sehen wir Einkerbungen (3), diese sagen nicht die Anzahl der Kinder,* sondern die wahrscheinliche Anzahl meiner ernsten, festen Beziehungen im meinem Leben voraus. (Nicht in wie vielen Betten ich war, sondern was am Ende meines Lebens zählt.)

* Die Erfahrung sagt mir, daß die mögliche Anzahl der Kinder (4) vor der Kreuzung mit der Schicksalslinie und die Anzahl der Enkel (5) danach dokumentiert sind. In der Hand steht nicht, wie viele Kinder ich habe, sondern nur, wie viele zu mir passen. Dazu gehören auch angenommene Kinder oder Tiere, die den eventuell in der Fa- milie vergeblichen Kinderwunsch ausgleichen.

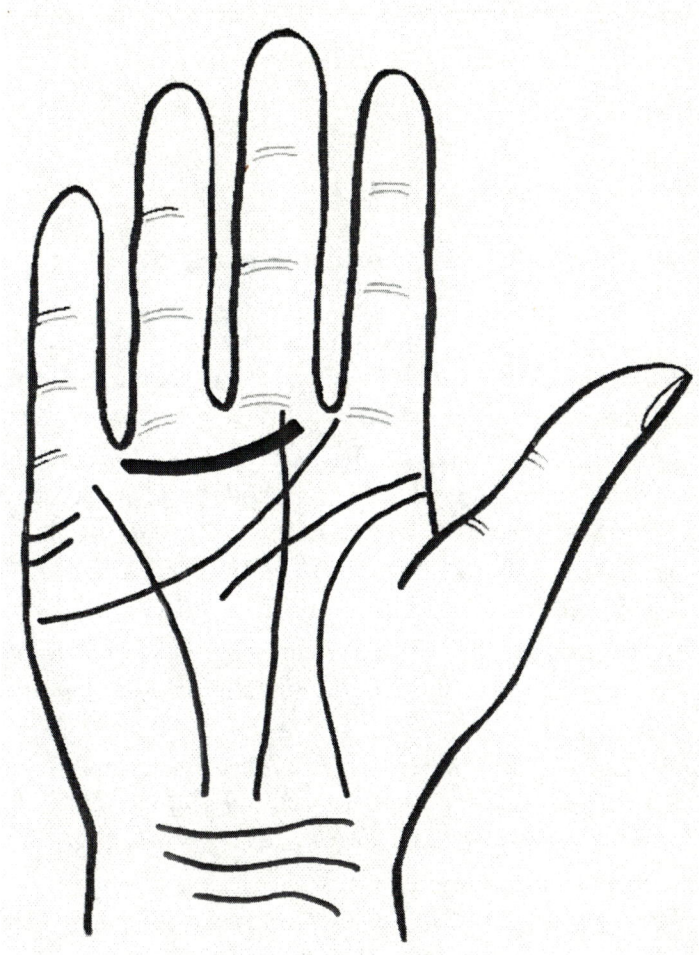

Deine Glückslinien (7)

99

Die Glückslinien – Innere Harmonie

Die Glückslinien sagen uns, wo wir zur inneren Zufriedenheit neigen. Die einen neigen dazu, sich in einer Beziehung mit viel Vertrauen in den Partner einzurichten (24).

Andere, beneidenswerte Menschen sind mit sich und ihrem Leben, wie der Volksmund sagt, rundum zufrieden und ausgeglichen (25).

Der nächste fühlt sich in seinem Beruf als Lehrer, Richter, Arzt oder Anwalt sehr wohl (26).

Vielleicht sind diese Menschen zufriedener mit ihrem Leben, weil sie sich nach außen abschotten können. Diese Linien können auch als Abgrenzung gelesen werden. (Komm mir nicht zu nahe. Laß mir meinen Frieden.)

Auch wenn der innere Frieden wirklich unbezahlbar ist, es gibt verläßliche, materielle Glückszeichen (27) in der Hand z. B.:

27/1 Eine Erbschaft – Sollte diese Fläche zerrissen erscheinen, droht ein häßlicher Erbschaftsstreit.

27/2 Materielles Glück durch Geldsegen, der bleibt.

27/3 Verlust von materiellen Gütern oder Betrug. (»Wie gewonnen so zerronnen«, sagt der Volksmund.)

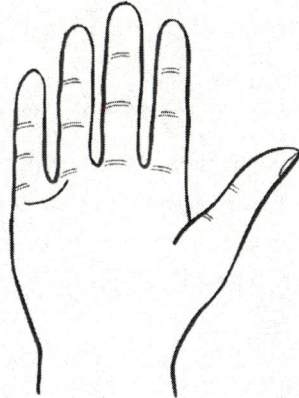

24 - Das kleine Glück

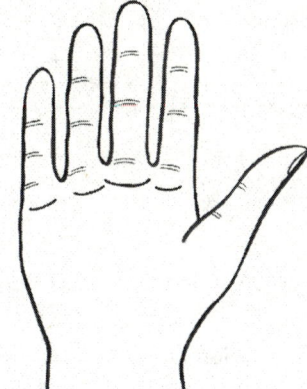

25 - Seelischer Glückspilz

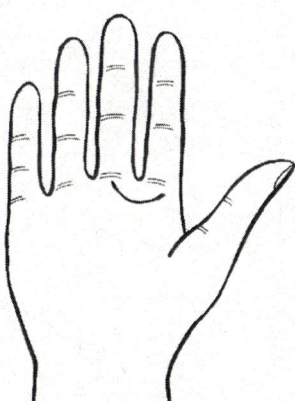

26 - Erfüllung als Lehrer/Richter usw.

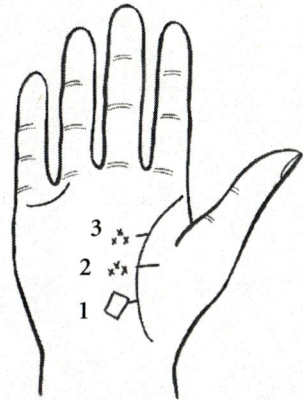

27 - Materielles Glück

Diese Zeichen können überall an der Lebenslinie auftauchen und zeigen uns dann den genauen Zeitpunkt, wann und wo.

Die Glückslinien – Innere Harmonie (7)

Was ist Glück für mich? Jeder hat seine eigene Vorstellung vom »Glück«. Der eine träumt von dem großen Gewinn in einer Lotterie, der andere, daß er auf einer großen Bühne zeigen kann, was in ihm steckt. Für jeden gibt es den berechtigten Wunsch nach einer materiellen und sozialen Harmonie.

Der andere Typus erfreut sich an einem Bild, das er unvermutet in einem Museum findet, der nächste an dem Lächeln eines Kindes, an einer vertrauten Melodie, die plötzlich durch den Raum weht…

»Glücklich ist der, der in sich ruht,« sagt nicht nur der weise Chinese. Es gibt ein Glück, das aus einer unbeirrbaren inneren Sicherheit entsteht.

Die Finger der Hand

Kinder lernen mit diesem Gedicht ihre Finger kennen:
Das ist der Daumen,
der schüttelt die Pflaumen,
der hebt sie auf,
der bringt sie nach Haus
und der kleine Spitzbub ißt sie alle, alle auf!

Der Daumen (Mars/Venus)

Er ist der wichtigste Finger einer Hand, denn ohne Daumen wird jede Hand (fast) nutzlos. Ohne Daumen können wir nichts mehr halten oder greifen. (Versuche doch mal, dein Klopapier ohne Daumen festzuhalten und zu benutzen. ☺) Bei Unfällen, bei denen der Daumen verlorenging, versuchen deshalb die Chirurgen, aus einem anderen Finger einen Daumen zu rekonstruieren. Der Daumen besteht ja nicht nur aus den zwei sichtbaren Gliedern, auch der darunterliegende Handballen (Venusberg) wird dazugerechnet.

Dieser wird durch eine Linie (Furche) von der restlichen Hand abgegrenzt. Das ist unsere *Lebenslinie*. In dieser Linie ist mein ganzes »soziales Leben«, sind meine diversen Lebensstationen und die damit verbundenen Reaktionen auf mein soziales Umfeld dokumentiert.

Wissenschaftler und Anthropologen sind sich sicher, daß die Entwicklung des Greifdaumens neben der Sprache der wichtigste Teil in der Evolution des Menschen ist. Man diskutiert darüber, ob die Entwicklung des Daumens nicht auch die Verständigung durch die Sprache gefördert hat. Der Daumen ist aber auch ein Symbol von Macht. Denke nur an die armen Gladiatoren, wenn der Daumen des Kaisers nach oben zeigte (nicht nach unten!) oder wenn er nach oben gerichtet dir selber das ersehnte OK als Zeichen für eine bestandene Prüfung und ähnliches signalisierte. Jeder weiß, daß Daumendrücken Glück wünschen heißt.

Es gibt auch bei Daumen breite, lange und dünne. Außerdem gibt es den extrem kurzen »Knubbeldaumen«. Menschen mit so einem seltenen Daumen gehen, um ihr Ziel zu erreichen, gerne durch die sprichwörtliche Wand. Ihnen ist kein Weg zu schwer, ob sie sehr lange auf einen vergebenen Partner warten oder zielstrebig ihrem Job nachgehen ist dabei egal. Also, stellt euch ihnen nicht in den Weg.

Der Zeigefinger (Jupiter)

ist der Finger, der dem Daumen am nächsten kommt. Es ist aber auch der Finger, der auf etwas zeigt und hinweist. Der mir die Dinge und Zusammenhänge des Lebens erklärt. Der als »Bewußtmacher und Belehrer« alles besser weiß.

Der Mittelfinger (Saturn)

gilt auch als Vermittler zwischen dem Bewußten und Unbewußten, zwischen aktivem und passivem Lebensgefühl. Wenn die *Schicksalslinie* direkt auf diesen Finger zuläuft, verfügt der Mensch über einen großen, oft übertriebenen Gerechtigkeitssinn.

Der Ringfinger (Apollon)

Nicht umsonst tragen die meisten Menschen ihren Freundschafts-, Verlobungs- oder Ehering auf diesem Finger. Er steht für unser Verhältnis zur Familie, für Beziehungen und Privates. Ist aber auch als Antenne für mein soziales Umfeld und Freundschaften zu sehen. Schwielen an der Fingerwurzel, unabhängig von eventueller Beringung des Fingers, sprechen von einer dauerhaften Verkrampfung im familiären beziehungsweise sozialen Umfeld. Menschen mit einem sehr langen Ringfinger sind ausgesprochen gute Tänzer.

Der Kleine Finger (auch (Ohrfinger) (Merkur)
beherbergt das Unbewußte, den Instinkt oder die Talente seines Trägers.
Er ist aber auch die Antenne zur Anderswelt, und er ist der Finger der
Geheimnisse und der heimlichen Genießer. Hat einen sehr intensiven
Draht zu meiner Psychomantik und ist oft viel kleiner als seine Brüder.
Sollte er proportional viel größer sein, neigt der Träger dieses Fingers
zu sensiblen Überreaktionen.

Die Länge der einzelnen Finger spricht von der Durchsetzungskraft und
Neugierde im Hinblick auf diesen Finger und seine Eigenschaften.
Sollte z. B. der Zeigefinger im Verhältnis sehr groß sein, müssen diese
Menschen aufpassen, daß sie auf ihre Mitmenschen nicht zu belehrend
wirken, auch wenn das in guter Absicht geschieht. Wenn sie beruflich
aber als Lehrer oder Ausbilder arbeiten, wäre es natürlich von Vorteil.
   Ein im Verhältnis zu kleiner Finger spricht für einen Menschen, der
lieber nachgibt oder sich in diesem Bereich unsicher fühlt und schlecht
mitteilen kann. Wichtig ist, daß die Hände und die Finger im proportional richtigen Verhältnis zueinander stehen.

Mir ist bewußt, daß sich kein Mensch selber gemacht hat und deshalb
seine Hände auch nicht selbst verändern kann. Vielleicht kann aber ein
Akzeptieren der eigenen Schwäche eine Stärke sein. Handlinien verändern sich manchmal, wenn wir in neue Lebenssituationen kommen.
Das ist aber eher selten.

Merke: *Schau dir die Hand immer als einmaliges Gesamtkunstwerk
an.*

Die Fingerkuppen

Daß die Kapillarlinien eines Menschen sehr individuell sind, ist auch dem Laien aus vielen Kriminalfilmen bekannt. Das heißt, jede Fingerkuppe hat ihre eigene Charakteristik. Es gibt drei verschiedene Grundtypen.

Spirale oder Kreis
+ Harmonie geht mir über alles
- Verschlossenheit

Schlaufe
+ Neugierig auf alles Neue
- Phantast und Träumer

Dreieck
+ Vorausschauende Pläne
- Dramatik und Unsicherheit

Die verschiedenen Charakterzeichen der Fingerkuppen sind mit der Energie der einzelnen Finger zu kombinieren. Verlassen wir uns beim Deuten der Linien, Formen und Fingerkuppen auf unseren Instinkt, so werden wir schon die rechten Worte finden.

Das Deuten fremder Hände

Nachdem du jetzt hoffentlich die Linien deiner eigenen Hand kennst, kannst du versuchen, in das Leben fremder Personen zu schauen. Gehe dabei bitte langsam und behutsam vor. Übertreibe nicht mit deinen Aussagen!

Damit du die Linien deines Gegenübers erkennen und deuten kannst, stelle ich dir auf den nächsten Seiten noch einmal seine Hauptlinien aus deiner Sicht vor. Ich habe, zur Erinnerung, auch alle Erklärungstexte hier noch einmal wiederholt.

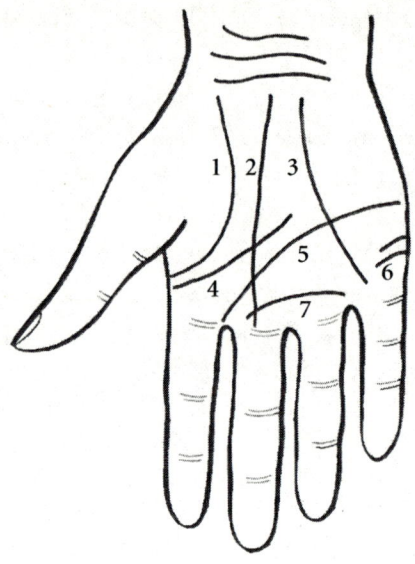

DIESELBEN LINIEN IN DER FREMDEN, RECHTEN HAND

Auf den nächsten Seiten stelle ich dir die sieben wichtigen Hauptlinien einer rechten Hand vor.

1 Lebenslinie
2 Schicksalslinie
3 Merkurlinie
4 Liebeslinie
5 Gesundheitslinie
6 Beziehungslinien
7 Glückslinien

Weil wir in diesem Kapitel die Hände anderer Menschen kennenlernen und deuten wollen, habe ich zum besseren Verständnis die Hände auf den Kopf gestellt und die Beschreibungstexte zum Üben noch einmal eingefügt.

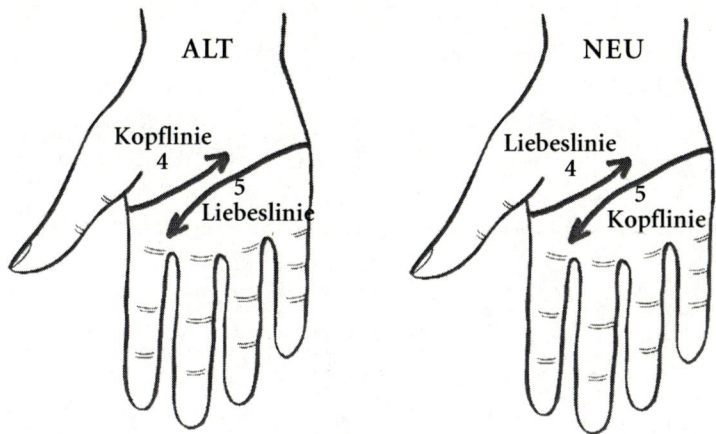

WICHTIG: Entgegen der landläufigen Praxis des Handlesens habe ich die Liebeslinie (4) gegen die Kopflinie (5) ausgetauscht. So komme ich zu verläßlicheren Aussagen.

Warum? – Ich kann mir nicht vorstellen, daß sich meine Gefühle, mein Sozialverhalten, mein Familiensinn usw. aus dem Nichts entwickeln. Die Entwicklung eines Lebewesens (vom Fötus zum vollständigen Menschen) baut sich Stück für Stück wie ein Puzzle zusammen.

Unser Gefühlsleben (Liebe, Vertrauen, Abneigung) wird im Laufe unserer Entwicklung erlernt und ist nicht angeboren.

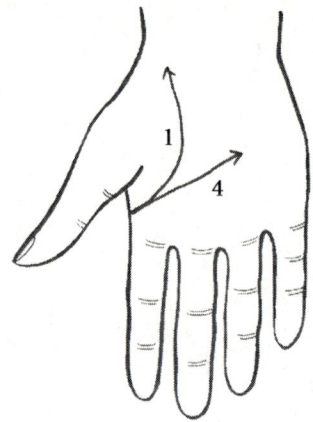

Die Liebeslinie (4) ist in den ersten Jahren mit der Lebenslinie (1) verschmolzen und geht erst mit dem ersten Erwachsenwerden eigene
Wege. Wie im echten Leben!

Im Laufe deines Weges als zukünftiger Handleser werden dir hoffentlich alle verschiedenen Hände dieser Welt begegnen.

Dieser Kurs ist nur als Einstieg in die fantastische Welt der Handlesekunst gedacht. Irgendwann wirst du merken, daß du mit diesen
ersten Hinweisen und Tips nicht weiterkommst und vielleicht auch
eigene Theorien entwickelst. Das wäre mein Wunsch für dich und
deine Neugierde.

Ich wünsche dir viel Freude und Anregung beim Kennenlernen fremder Handlinien mit diesem Buch!

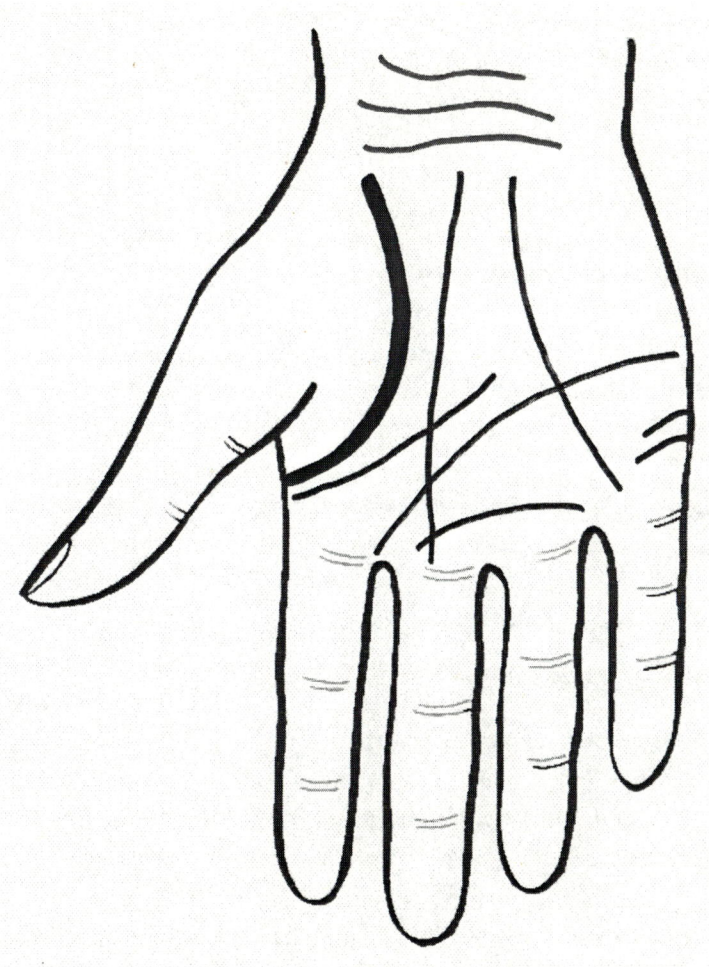

SEINE/IHRE LEBENS- ODER SOZIALLINIE (1)

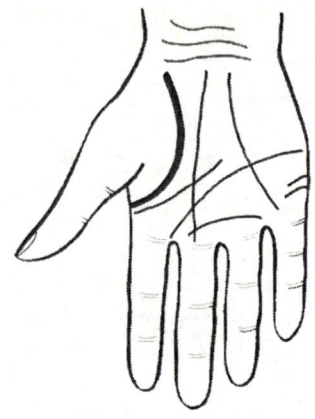

Die Lebens- oder Soziallinie (1)

In dieser Linie sind unsere sozialen Verhaltensmuster und Kontaktbe-
dürfnisse zur äußeren Welt gespeichert:

Wie reagiere ich auf die anderen?

Welche Akzeptanz brauche ich selber?

Wie viel Energie besitze ich und wie gehe ich damit um?

Wie groß ist mein Lebens- und Berufsradius?

Was sind meine wichtigsten Lebensstationen?

Wo werde ich leben? (Ortswechsel)

In der Lebenslinie steht nicht geschrieben, wie *alt* ich werde, sondern
nur, w*ie* ich alt werde.

Wenn wir bedenken, daß wir durch Zeugung und Geburt und in den
ersten Lebensjahren durch unsere Eltern und Erzieher geprägt sind und
uns erst mit dem Erwachsenwerden hoffentlich im Guten emanzipieren

DIE VERSCHIEDENEN WEGE IHRER/SEINER
LEBENS- UND LIEBESLINIE

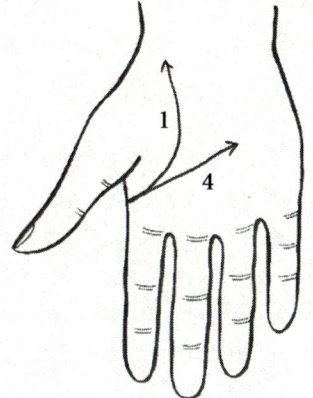

1 - Sanftes Abnabeln...

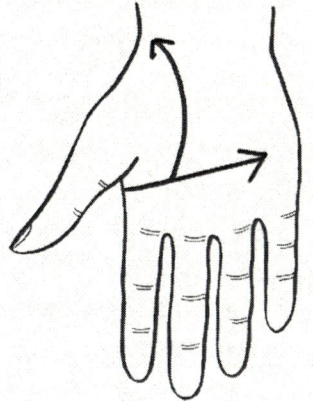

2 - Radikales Abnabeln...

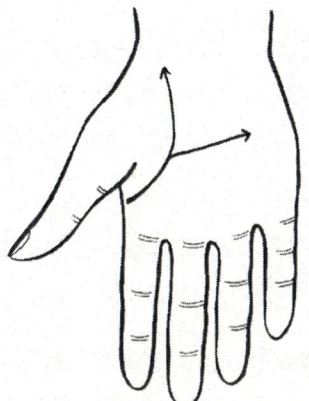

3 - Sehr spätes Loslassen...

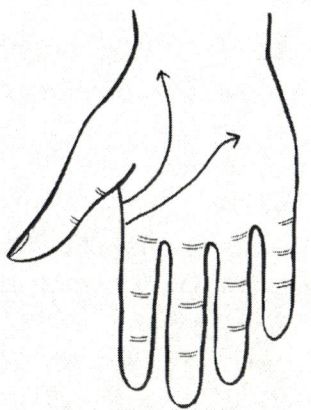

4 - Frühes Distanzieren...

...vom Elternhaus (Erziehungshaus)

(Abnabelung), ist es für mich nur logisch, daß daraus mein Verhalten im öffentlichen Bereich *(Soziallinie 1)* wie auch meine individuellen Beziehungsmöglichkeiten *(Beziehungslinie 4)* am Anfang meines Lebens parallel, aber miteinander verwoben entstehen.

Nach meiner langjährigen Erfahrung beim Handlesen verlaufen meine *Lebenslinie 1* und meine *Herzlinie 4* im ersten Lebensabschnitt gemeinsam. Danach trennen sie sich auf unterschiedliche Art, siehe Zeichnung 1, 2 und 3. Auf der Zeichnung 4 ist eine typische Distanzierung vom Elternhaus sichtbar. Je weiter die Linien 1 und 4 auseinander liegen, desto mehr gehe ich meinen eigenen Weg. Oft ist es so, daß ich schon als Kind meine Eltern nicht anerkennen kann oder mich ihnen fremd fühle. Sehr oft ist es dann auch so, daß ich mich aus Trotz, um von Zuhause wegzukommen, viel zu früh in eine Partnerschaft flüchte oder meine eigenen Eltern nicht zu meiner Hochzeit kommen wollen. – Sollten meine Eltern aber die besten der Welt sein, werde ich wahrscheinlich von meinen zukünftigen Schwiegereltern nicht akzeptiert.

Dies sind nur vier von unzähligen Beispielen, wie sich unsere Entwicklung aus dem Elternhaus darstellen kann. Wenn dort Anzeichen stehen, die ich hier beschrieben habe, folge deinem Gefühl und sprich aus, was du empfindest.

Die Lebens- oder Soziallinie beginnt zwischen Daumen und Zeigefinger und läuft in Richtung Handwurzel. Am Anfang dieser Linie gibt es in der Kuhle zwischen Daumen und Zeigefinger einen Bereich, der als Punkt, Insel oder Kreuz sichtbar ist und der den Beginn eines Menschenlebens zuverlässig dokumentiert.

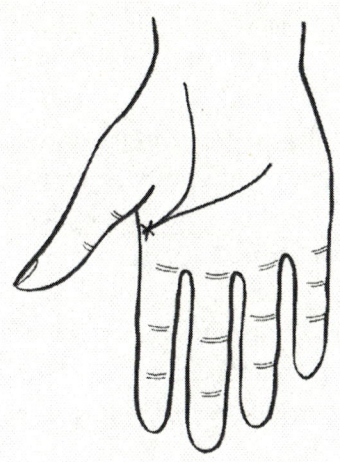

Der Zeugungspunkt

Nach der alten chinesischen Philosophie beginnt das Leben mit der Zeugung und nicht mit der Geburt. Je nachdem, welche Energie dieses Zeichen ausstrahlt, kann man erkennen, ob es eine glückliche und willkommene oder eine dramatische Zeugung und Schwangerschaft gegeben hat.

Mir ist bewußt, daß ein Zweizellenfötus noch nicht denken kann, aber er spürt instinktiv, ob er im Leben seiner zukünftigen Eltern in Liebe willkommen ist oder ob sie – im schlimmsten Fall – an eine Abtreibung denken. Diese ersten pränatalen Empfindungen prägen ein Leben lang mein Vertrauen oder eben mein oft unerklärbares Mißtrauen in meine Umwelt, und das kann ein geübter Handleser schon in einem einzelnen Punkt erkennen.

Alle Einschnitte, Kreuze, Inseln und anderen Zeichen vor diesem *Zeugungspunkt* beschreiben die Herkunft und den sozialen Status meiner Eltern vor meiner Zeugung. Die Zeichen in Richtung Zeigefinger weisen auf den mütterlichen und die Zeichen in Richtung Daumen auf den väterlichen Einfluß (Weg) hin. Dort steht geschrieben, ob die Partner aus demselben Lebenskreis kommen oder aus verschiedenen (sozialen) Richtungen zueinandergefunden haben; ob zum Zeitpunkt meiner Zeugung eine Chance für eine lange oder eine kurze gestreßte Beziehung bestand.

In den Signalen über diesem Zeugungspunkt finde ich Hinweise auf meine Kindheit und ob meine Eltern stark genug waren, sich gegen ihre hoffentlich gutmeinenden Eltern (meine Großeltern) durchzusetzen oder ob diese, egal aus welchem Grund auch immer, meine wichtigsten Bezugspersonen gewesen sind.

Diesen Zeugungspunkt müssen wir sehr sensibel beschreiben, denn wir wollen unsere Klienten nicht unnötig erschrecken. Sie wissen oft selbst nicht, wann und wo sie gezeugt wurden. Manchmal wissen es die Eltern nicht einmal selbst.

Zwischenbemerkung

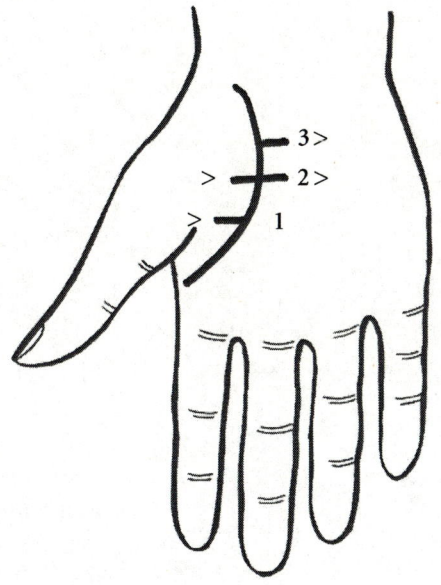

Wichtige Ereignisse im Leben, die bleiben (1),
die durchgehen (2) oder als Verluste (3) sich zeigen.

Diese Zeichen sind auf jede Linie übertragbar. Sie gehen immer von rechts nach links oder von oben nach unten. Je stärker die Linien ausgebildet sind, desto intensiver ist das Ereignis. So kann man auch Ereignisse aus der Vergangenheit zeitlich gut einschätzen.

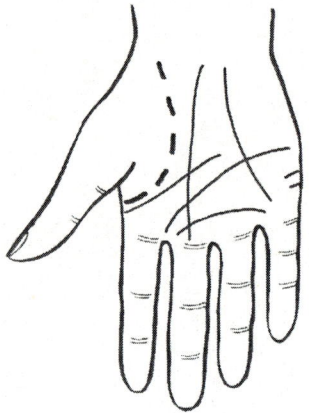

5 - Unterbrochene Lebenslinie

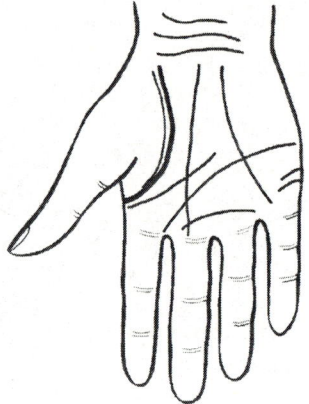

6 - Doppelte Lebenslinie

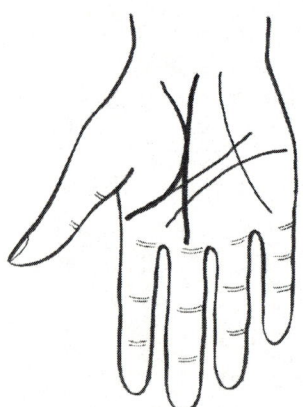

7 - Verbindung mit Schicksalslinie

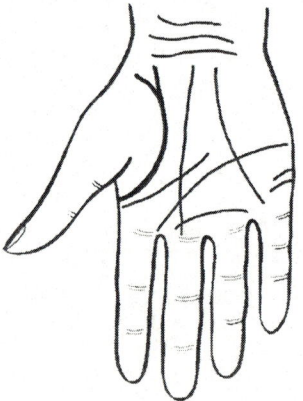

8 - Lebenslinie gabelt sich am Ende

(Das sind nur vier von unzähligen Möglichkeiten.)

Manchmal sieht man auch Hinweise, die darauf schließen lassen, daß ein Mensch im Heim oder bei Adoptiveltern sein Zuhause hatte oder sich vielleicht sogar andere Eltern gewünscht hat. Die Stärke der Linien läßt Rückschlüsse auf das natürliche Durchsetzungsvermögen im Leben zu.

Eine starke, fast durchgezogene Linie läßt auf ein robustes, zielgerichtetes Leben schließen. Eine durchgehend weiche Linie dagegen auf einen Menschen, der auf seine flexible Art und Weise auch alles im Leben erreicht. Ist diese Linie oft unterbrochen (5), zerrissen oder von Querlinien geteilt, spricht das für einen Menschen, der in der Lebensenergie häufig mit dem sogenannten Schicksal konfrontiert wird, und wie er höchstwahrscheinlich damit umgeht.

Ist diese Linie harmonisch und sichelförmig um den dazugehörigen Handballen angelegt, spricht das eher für einen Menschen, der wohl niemals ernsthaft erwachsen wird. Das muß aber kein Nachteil sein.

Ist aber im ersten Viertel ein Haken oder Winkel sichtbar, beschreibt dieser den Zeitpunkt und die Art und Weise, wie und wann er bewußt erwachsen geworden ist. (1) Aus meiner Sicht ist ein Mensch mit 18 Jahren nicht automatisch erwachsen, sondern nur volljährig. Er ist erst wirklich erwachsen, wenn er die volle Verantwortung für sich und sein Handeln übernimmt; wenn er oder sie nicht mehr sagt: »Der oder die sind schuld, weil …« – Wenn ich bewußt immer wieder sagen kann: »Ich bin verantwortlich dafür, daß ich glücklich bin«, dann bin ich wirklich erwachsen!

Ich selber bin mit knapp 18 Jahren als Seemann nach Amerika, Kanada und später bis nach Japan gekommen. Volljährig wurde man damals noch mit 21, aber erwachsen bin ich erst so um die 34 geworden. Ich habe damals angefangen, mein Leben bewußter zu leben und Entscheidungen zu treffen, hinter denen ich stehen konnte. Das kann man an meinen persönlichen Linien heute noch erkennen.

Wenn diese Linie sich am Ende gabelt (8), spricht das für ein Kommunikationstalent oder, im Negativen, für jemanden, der sich gerne verzettelt. Ich kenne viele Kunden mit einer solchen Gabelung, die im Alter als Dozent oder ähnliches arbeiten. Sollten im oberen Bereich auch noch viele Kreuze zu finden sein, spricht das für einen kreativen Menschen, einen Lebenskünstler, der nur im Streß und Chaos leistungsfähig ist.

Wenn neben der Hauptlebenslinie eine zweite oder dritte Linie (6) verläuft, spricht das von einem Typus, der gern auf »Nummer Sicher« geht oder in zwei Welten zu Hause ist; der andererseits aber auch sehr belastbar ist und gerne mal eine Überstunde macht, einen zweiten Beruf oder ein sehr intensives Hobby hat und gerne Fortbildungskurse besucht.

Wenn die Lebenslinie (7) sich sehr nah an die Schicksalslinie anlegt oder sich sogar eine Zeitlang mit dieser verbindet, wird dieser Mensch alles tun, um ein öffentliches Amt zu erreichen. – Ob er dabei die Chance hat, Bundeskanzler zu werden oder nur erster Vorsitzender im Kegelverein, hat auch mit den Möglichkeiten seiner Sozialkontakte zu tun. Auf jeden Fall tragen diese Menschen gerne die öffentliche Verantwortung in ihrem Lebensbereich, sei es auf der Arbeit oder in einem engagierten, sozialen Hobby.

Wenn ich sehe, wie oft meine Mitmenschen, anstatt ihr Leben selber in die Hand zu nehmen, gelebt werden, denke ich mit Bewunderung an meine Ex-Schwiegermutter Edith.

»Mutter, du solltest mal zur AWO (Arbeiterwohlfahrt) gehen, die brauchen Leute wie dich«, sagte ich auf ihrem 62. Geburtstagsfest zu ihr. Ich sagte das, indem ich *scheinbar* in ihrer Hand las. Diese Frau hatte es geschafft, daß unsere Kinder öfter bei ihr waren als bei uns. Sie hat ihren Job als Oma sehr ernst genommen und war unseren Adoptiv- und Pflegekindern, anders als meine eigene Mutter, eine (fast zu) perfekte Oma. Das Problem war nur, daß die Kinder kaum noch zu Hause waren. Man konnte richtig eifersüchtig werden. Ich versuchte ihr durch die Blume zu sagen: »Nimm uns nicht die Kinder weg.«

»AWO? Was soll ich bei der AWO, da geh ich hin, wenn ich mal alt bin«, war ihre Entgegnung. Na gut, ich hatte es versucht. Wie der Teufel es will, kam am nächsten Tag eine Nachbarin zum Kuchenessen.

»Du, Edith, ich war gestern bei der AWO, das war toll, willst du nicht mal mitkommen«, sprach sie. Wir hatten uns zwar nicht abgesprochen, aber beide doch das richtige gesagt. Also, um es kurz zu machen, Edith ging, durch uns beide ermutigt, zur AWO und wurde aktiv. Sie übernahm viele Jahre die Organisation der Kaffeetafel, arrangierte Krankenbesuche, war mit ihren Senioren mal in Dresden oder in der Oper von Verona. Es wurde immer schwieriger, sie zum Babysitten zu überreden. Sie ist heute leider nicht mehr da. Solche Menschen mag ich!

– Solche Menschen braucht das Land!

EINIGE SYMBOLE, DIE AN EINER LEBENSLINIE IMMER WIEDER SICHTBAR SIND:

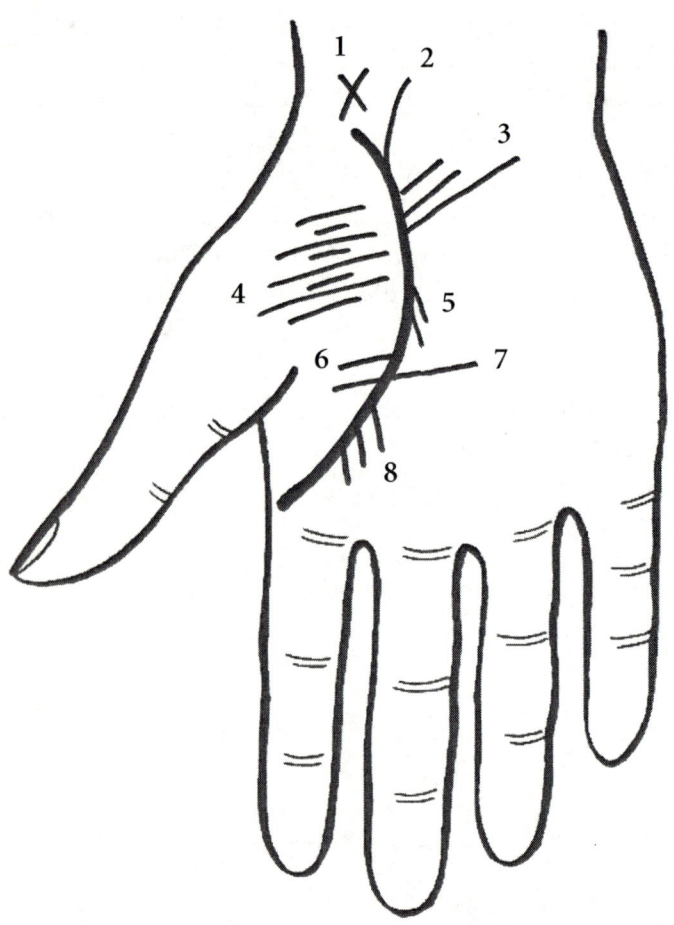

1 Extrovertierter Mensch
2 Schriftstellergabel
3 Reisefreudig
4 Ordnungsliebender Chaot

5 Berufliche Verantwortung
6 Hausbauen
7 Ortsveränderungen
8 Bindungen zum Elternhaus

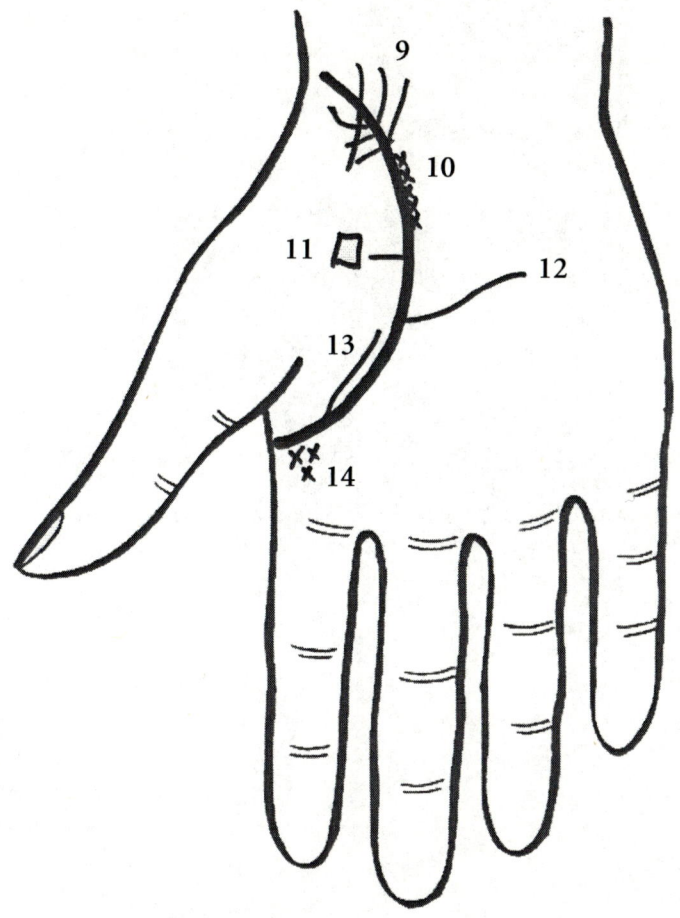

9 Zerrissenheit im Alter
10 Soziales Engagement
11 Haus oder Grundstück erben

12 Umzug in die Ferne
13 Zweiter Bildungsweg
14 Geerbte Kreativität

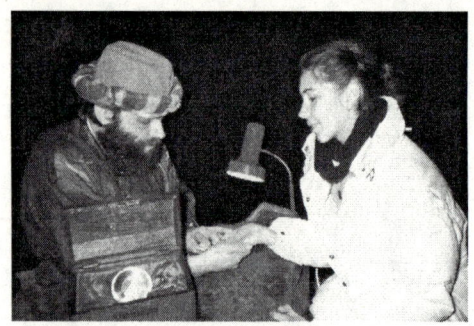

Auch ich habe mal klein angefangen…

…um ein gefragter Experte zu werden.

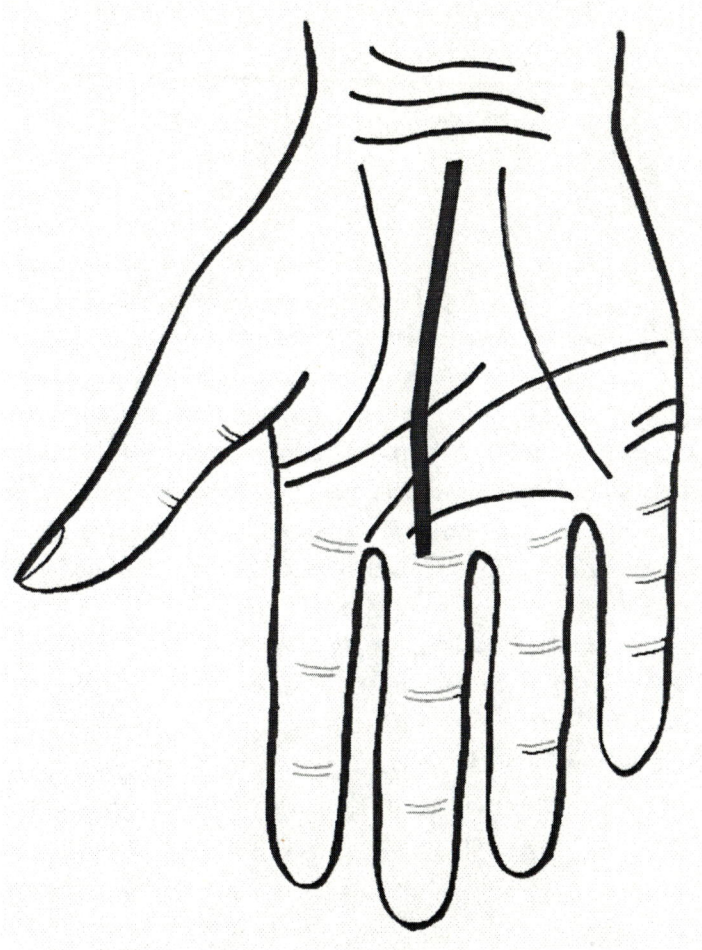

SEINE/IHRE SCHICKSALSLINIE (2)

Was ist Schicksal? – Nur eine weitere Kreuzung auf dem
Lebensweg? – Oder eine weitere Chance!

Die Schicksalslinie (2) – äußere Einflüsse

Auch wenn wir an Selbstbestimmung glauben, wir sind zu bestimmten Zeiten durch äußere Einflüsse fremdbestimmt und nennen das dann »Schicksal«. Daß dieses Schicksal auch Glück für uns sein kann, ist oft ein schwieriger Lernprozeß. Das Schicksal ist nie selbstgemacht, aber wir warten manchmal darauf, daß uns jemand eine (Ent-)Scheidung abnimmt.

Diese Linie kreuzt oft andere Linien. Wo diese sind, geschehen wichtige Dinge in unserem jeweiligen Lebensabschnitt. Es sind die Wegkreuze oder Kreuze am Weg unseres Lebens. Wir müssen dann, wenn wir nicht daran zerbrechen wollen, beweisen, daß wir die Meister unseres eigenen Lebens sind, müssen zeigen, daß wir aktiv agieren und nicht nur passiv reagieren.

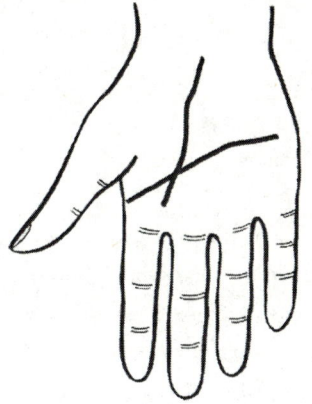

17 - Schicksal mit
ungefähr 24

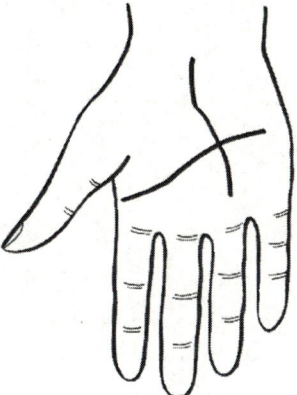

18 - Schicksal mit
etwa 63

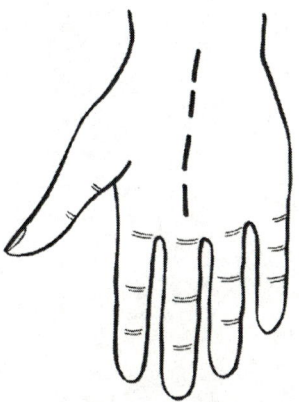

19 - Wenig Begegnung mit
dem Schicksal

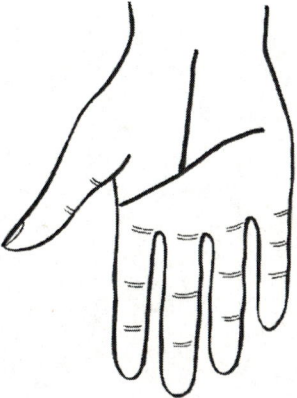

20 – Kommt und bleibt: die
große Liebe mit etwa 32.

Die vielzitierte *Schicksalslinie* teilt meine Hand in eine »bewußte«, dem Daumen zugewandte und in eine dem kleinen Finger zugewandte unbewußte Seite. Zum anderen – je nachdem, wo diese Linie durch meine Liebes- oder Gesundheitslinie verläuft (17 + 18) – wird mein Leben vom sogenannten Schicksal berührt. Dann verändert sich mein Leben, oft von einer auf die andere Minute. Wenn ich ein Optimist bin, wird durch »schicksalhafte Umstände« alles besser. Für einen Pessimisten gibt es immer einen Grund, frustriert zu sein.

Oft übernimmt die *Schicksalslinie* aber auch die Funktion einer Ersatzlebenslinie. Dann hat man das Gefühl, mitten im Feuer des Lebens zu stehen, und fühlt sich oft manipuliert und fremdbestimmt. Dann muß man mehr reagieren und kann weniger selber agieren.

Andererseits kann ich mich aber auch darüber freuen, daß ich ein lebendiger Mensch bin, der aktiv am Leben teilnimmt und weiß, daß morgen wieder etwas Neues geschieht.

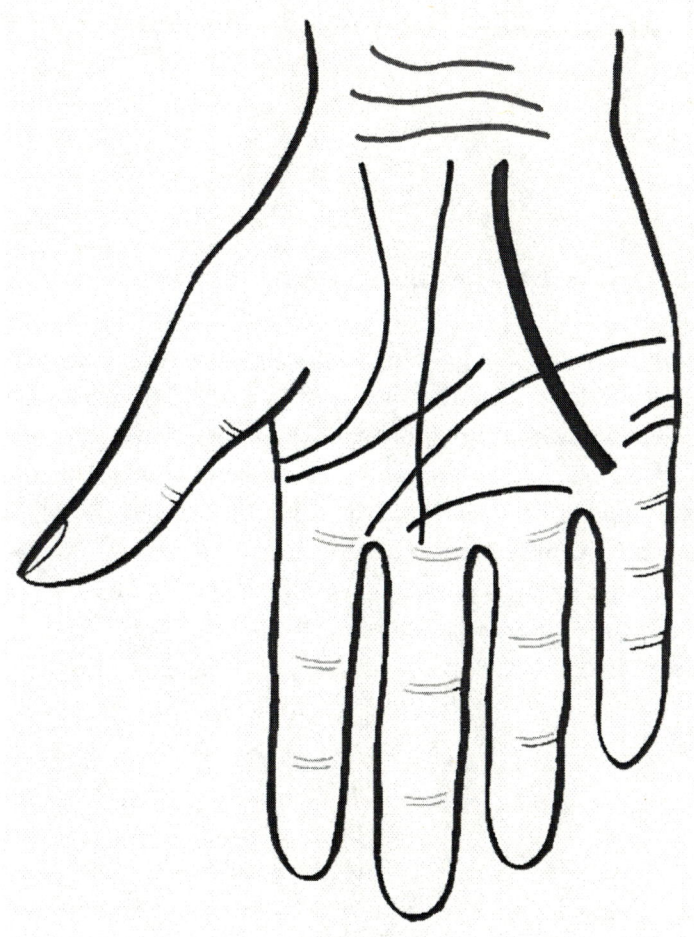

SEINE / IHRE MERKURLINIE (3)
Die Seite des Mondes im Menschen

Die Merkurlinie (3) – Kommunikation

Unsere Kommunikation ist zu 90 % unabhängig von der Sprache. In diesem Bereich ist das Unbewußte zu Hause. Es ist die Linie oder Seite des Mondes in mir, mein Instinkt für andere Menschen (mein »Bauchgefühl«). Entweder ich mag jemanden oder nicht. Aber auch meine ganze Psychosomatik und Sensibilität haben hier ihr Zuhause. Mein Kunst- und Kulturbedürfnis und meine eigene Kreativität haben hier ihr Kraftfeld – mit anderen Worten: alles, was nicht logisch, rational und vernünftig ist. Ist doch toll, oder?

Wenn diese Linie fehlt, auch das kann vorkommen, ist es kein Beinbruch für den Besitzer dieser Hand. Vielleicht ist es ja auch ein Glück, sich nicht »jeden Schuh anziehen« zu müssen, wie der Volksmund so schön sagt.

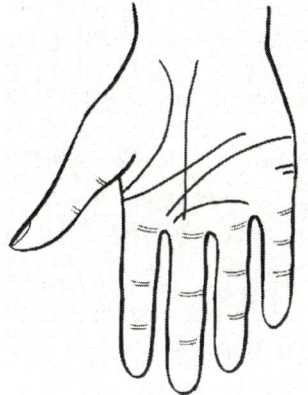

20 - Da fehlt doch etwas...

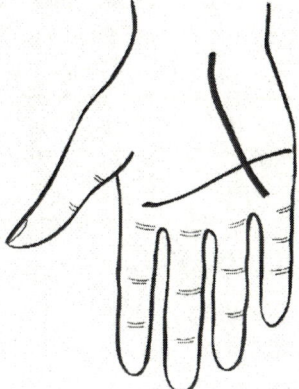

21 – Instinktsicher

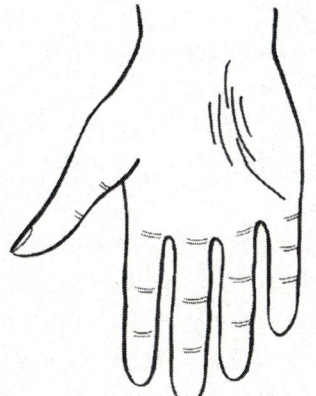

22 – Hypersensibel

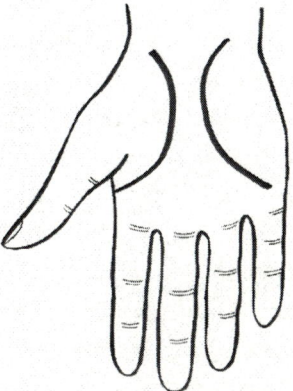

23 - Praktischer Heiler

Die Merkurlinie, das ist die Linie, welche von der Handwurzel zum kleinen Finger verläuft. Sie spricht von der Sensibilität und Intuition eines Menschen. Ist diese Linie auffallend dünn und zerrissen (22), spricht das meist für einen labilen und unsicheren Menschen, der sich oft hinter psychosomatischen Krankheiten und Wehwehchen versteckt, für einen Menschen, der nie wirklich gelernt hat, »nein« zu sagen.

Als ich selber anfing, bewußt meine Hände zu betrachten, hatte ich unzählige kleine, dünne Linien, wo heute eine kräftige Linie verläuft. Diese vielen Linien schlossen sich mit dem Wachsen meines Selbstvertrauens zusammen.

Als introvertierter Mensch neige ich dazu, mich für alles verantwortlich zu fühlen und dem Leben gegenüber sehr mißtrauisch zu sein. Im extremen Fall sammele ich dann Krankheiten wie andere Leute Briefmarken.

Als extrovertierter Typ dagegen versuche ich, anderen Menschen zu helfen und diese gar mit meiner eigenen Unsicherheit zu bevormunden.

Eine starke, zielgerichtete Linie (21) zeugt oft von einer künstlerischen, spirituellen Persönlichkeit. Ob dieser Mensch seine Talente auch praktisch einsetzen kann, ist eine andere Sache. Viele sensible Menschen sind zu »esoterisch« für diese Welt und kommen sehr oft mit ihrer realistischen, vernünftigen Umwelt nicht wirklich klar.

Eine runde Merkurlinie (23) bildet einen Mondberg. Ist diese Linie stark ausgeprägt, haben diese Menschen die Fähigkeit, als spirituelle Heiler zu arbeiten. Wenn der Venusberg (Daumen) genauso stark ausgeprägt ist, zeugt das von einem künstlerisch begabten Handwerker.

Das Ausbleiben dieser Linie (20) finden wir oft bei den sogenannten Realisten, Menschen, die nur glauben, was sie sehen und anfassen können.

Wenn du dir diese Linie anschaust, solltest du das der Linie entsprechend mit viel Zeit und Gefühl tun: dich einfach *hineinfühlen.*

Ein bißchen Show (kann) muß sein…

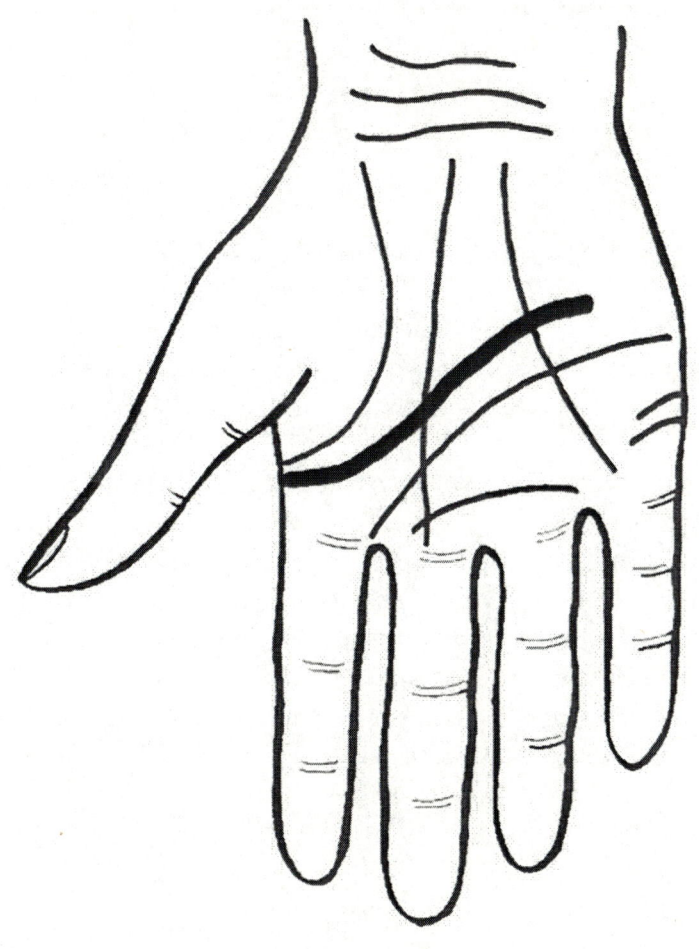

SEINE/IHRE LIEBES- ODER BEZIEHUNGSLINIE (4)

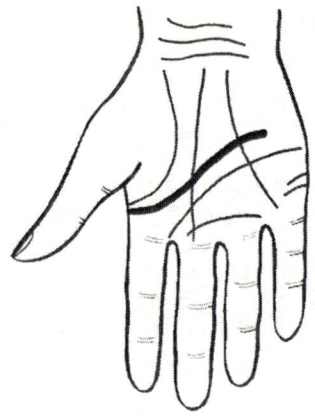

Die Liebes-, Herz oder Beziehungslinie (4)

Der Volksmund nennt sie »Liebeslinie«. Hier sind die Zeichen für die Beziehungsmöglichkeiten zu unseren Partnern sichtbar, zu Eltern und Kindern, zu Ehe- und Liebespartnern aber auch zu uns selbst, ebenso Affären.

Durch unsere ersten Sozialprägungen, die bereits im Mutterleib bei der Zeugung beginnen, wird festgelegt, wie viel Vertrauen wir zu unserem Gegenüber und zu uns selbst entwickeln können. Wir spüren ohne Worte (ein Fötus kann noch nicht denken, aber fühlen), ob und wie wir in unserem Elternnest willkommen sind; ob wir geliebt werden oder nur geduldet sind!

Das Wichtigste ist nämlich, daß wir uns selber lieben, sonst können wir nicht geliebt werden! So einfach ist das!

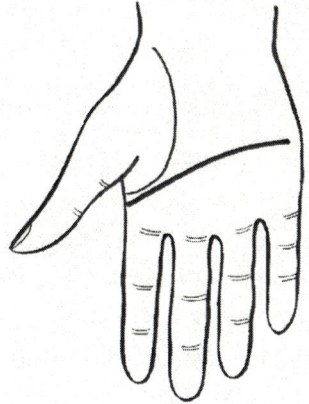

*9 - Stabile Beziehung,
absolute Treue*

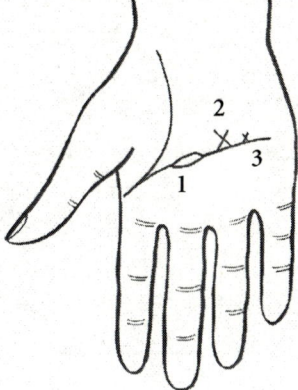

*10 - Freiräume (1),
große (2) und
kleine (3) Affären*

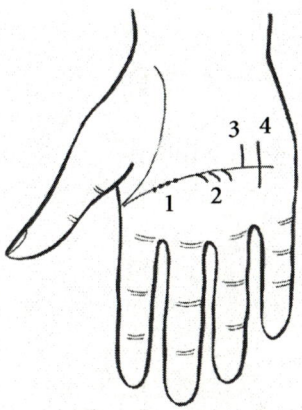

*11 - Eifersucht (1)
Verlustängste (2)
Neue Liebe (3) Trauer (4)*

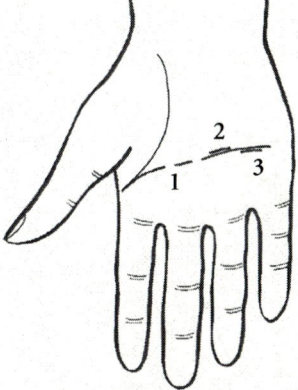

*12 -Beziehungsschwäche
Braucht Freiräume (1)
Geheime Liebe (2 + 3)*

Die Liebes-, Herz- oder Beziehungslinie gibt es in mindestens zwei Varianten. Zum einen wächst sie als logische Folge Y-förmig aus der Lebenslinie heraus, oder sie entwickelt sich als parallele Linie dazu. Je weiter diese sich von ihr entfernt, desto größer ist oft die Distanz zum Elternhaus. Menschen, die aus Trotz heiraten, haben oft so eine Linie. Diese verläuft im Idealfall in Richtung Mondberg. Das ist der Handberg, der unter dem kleinen Finger verläuft. Die Länge und Beschaffenheit dieser Linie spricht von meinem Partnerschaftsverhalten, dem Familiensinn und meinem Treueverständnis (9).

Außerdem beschreibt sie meine Verlust- und Bindungsängste (11), mein Trauerverhalten (11/3) und mein soziales Gesellschaftsgefühl (Freundschaften). Inseln in der Linie sprechen von zeitweiligen Trennungen, durch Beruf oder aus anderen Gründen (10/1), Querlinien von dauerhaften Trennungen und menschlichen Verlusten, Punkte und Kreuze vom Kinderwunsch, aber auch von Trauerarbeit bei möglichen gewollten oder ungewollten Fehlgeburten (11/1). Diese finden sich erstaunlicherweise auch bei Männern, die ihre Kinder ernst nehmen.

In der Hand sieht man nicht, wie viele Kinder ich habe, sondern wie viele zu mir passen. Dabei ist es scheinbar gleichgültig, ob ich die Kinder selber gezeugt beziehungsweise geboren habe oder durch Einheirat oder Adoption zu Vater beziehungsweise Mutter geworden bin. – Manchmal haben diese Menschen aber keine Kinder, sondern Tiere, die ihre Familie ergänzen.

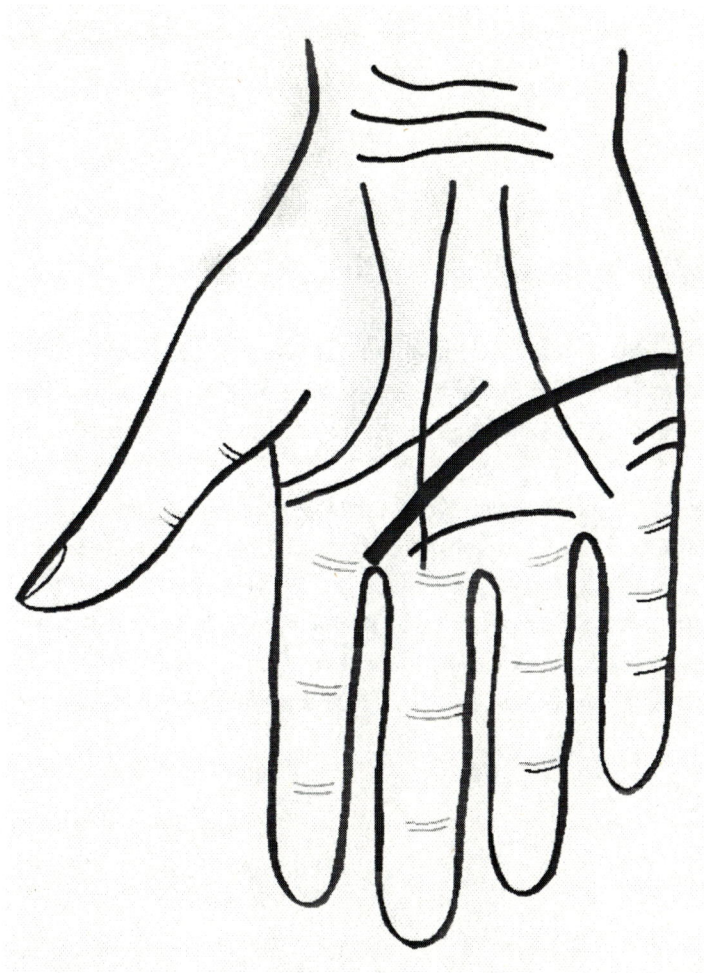

IHRE/SEINE SEELISCHE KOPF- ODER GESUNDHEITSLINIE (5)

Die Kopf- oder Gesundheitslinie (5)

Hier findet unsere Logik ihre Entsprechung. Hier findet sich die Kraft der Gedanken, aber auch, in Verbindung mit der Merkurline, die Verletzlichkeit unserer Seele. Unsere Reflektion darauf besteht oft aus psychosomatischen Reaktionen.

Daß unsere Gesundheit auch Kopf- und Seelensache ist, kann dir jeder Arzt bestätigen. Wenn meine Seele es nicht zuläßt, kann mir kein Arzt der Welt helfen, wieder gesund zu werden.

In dieser Linie dokumentiert sich meine Lebenskraft, mein Überlebenswille. Sie ist wie ein Barometer; keine Linie verändert sich im Zusammenhang mit meinen äußeren Belastungen so schnell.

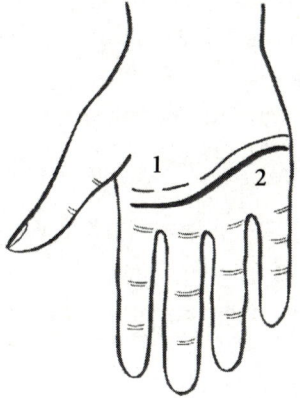

13 - Schwache Energie (1)
Starke Energie (2)
(jede Linie nur einmal)

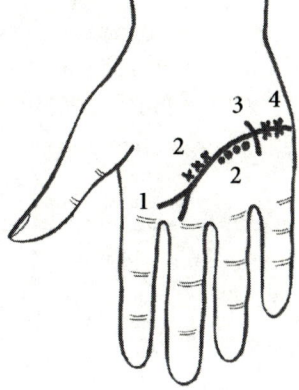

14 - Fremdsprachen (1)
Allergien (2) Unfall (3)
Seelische Belastungen (4)

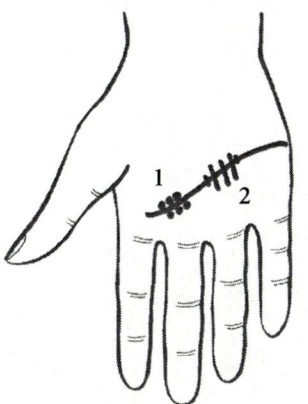

15 - Magen & Darm (1)
Luftwege (2)

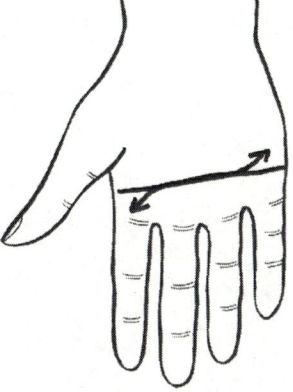

16 - Gesperrte Hand,
kann nicht logisch sein

Die Kopf- oder Gesundheitslinie (5) fängt am Mondberg unterhalb des kleinen Fingers an und läuft in verschiedenen Variationen in Richtung Zeigefinger. An dieser Linie erkennt man den Lebenswillen (13/1 + 2) und die Lebenserwartung des Menschen (was erwartet der Mensch vom Leben). Außerdem ist sie in Verbindung mit der Merkurlinie oft ein Signal für seelische oder psychosomatische Krankheiten (14/4) (15/1 + 2), für längere Krankenhausaufenthalte, für Nieren, Leber, Luftwege, Knochen und vieles mehr (14/2 + 3).

Andererseits habe ich in dieser Linie auch schon sehr oft das Talent für Fremdsprachen (Bild 14/1) lokalisiert – das waren dann aber häufig auch Menschen, die aus dem Ausland kamen oder nur einen anderen Dialekt sprachen.

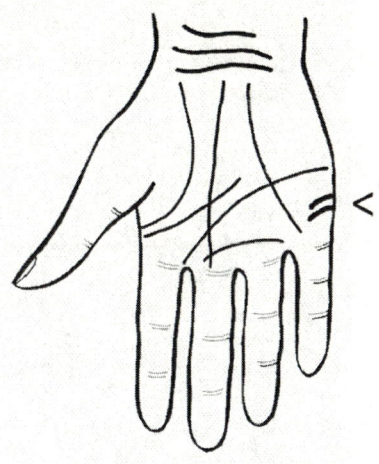

Die Ehelinien (Kinderlinien) (6)

Im Gegensatz zur landläufigen Meinung sehe ich hier nicht die Anzahl meiner möglichen Kinder, sondern meine ernsthaften Ehen und Beziehungen. Wie oft habe ich schon Laien gesehen, die hier nach der Anzahl der Kinder gesehen und sie gefunden haben wollen. Das ist, gelinde gesagt, Blödsinn!

Ich habe in meiner langjährigen Handlesepraxis herausgefunden, daß hier nur die Anzahl meiner ernsthaften Bindungen zu Partnern und wichtigen lebenslangen Freundschaften dokumentiert ist. Ein guter Freund ist oft mehr wert als zehn schlechte Liebhaber, sagte schon meine Oma.

Vielleicht stehen hier ja auch die Anzahl der Kinder, aber das wäre dann purer Zufall (probiere es selber aus).

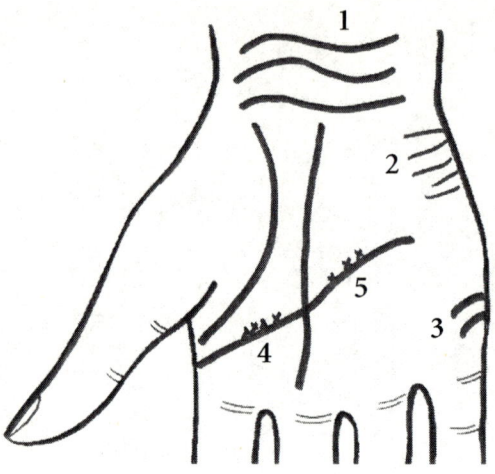

Raszetten & Co

Entgegen alter Handlesetradition (jede volle Linie steht für zwanzig Lebensjahre), können wir an den *Raszetten* (1) das zu erwartende Alter nicht wirklich ablesen. Die Reiselinien (2) sprechen von großen Reisewünschen. (Wohl dem, der es sich leisten kann!) An der Handinnenseite sehen wir Einkerbungen (3), diese sagen nicht die Anzahl der Kinder,* sondern die wahrscheinliche Anzahl meiner ernsten, festen Beziehungen im meinem Leben voraus. (Nicht in wie vielen Betten ich war, sondern was am Ende meines Lebens zählt.)

* Die Erfahrung sagt mir, daß die mögliche Anzahl der Kinder (4) vor der Kreuzung mit der Schicksalslinie und die Anzahl der Enkel (5) danach dokumentiert sind. In der Hand steht nicht, wie viele Kinder ich habe, sondern nur, wie viele zu mir passen. Dazu gehören auch angenommene Kinder oder Tiere, die den eventuell in der Familie vergeblichen Kinderwunsch ausgleichen.

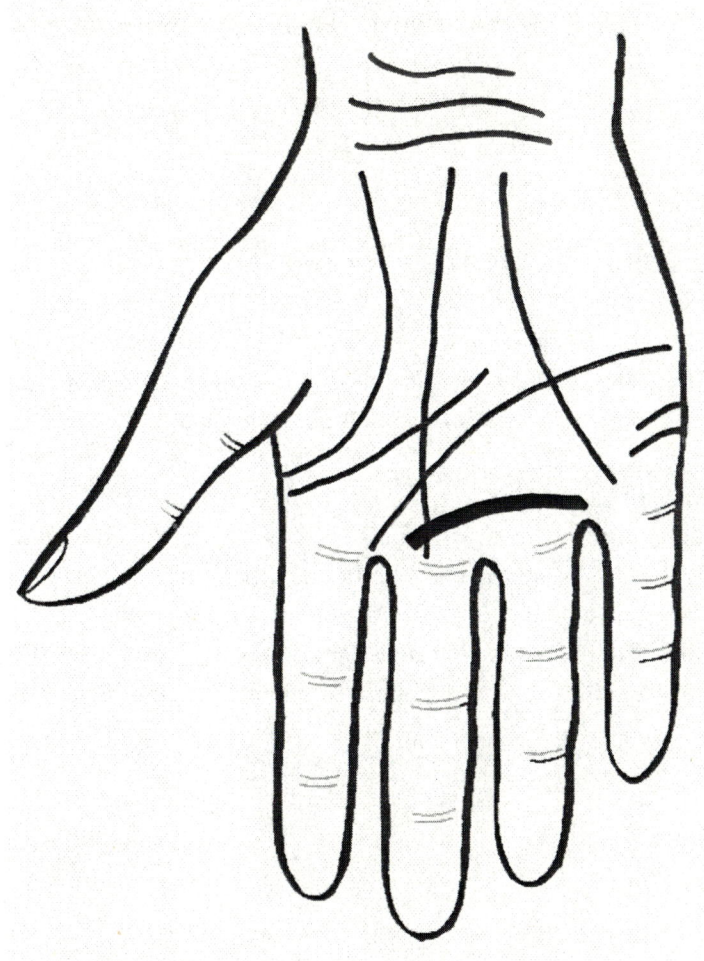

IHRE / SEINE GLÜCKSLINIEN (7)

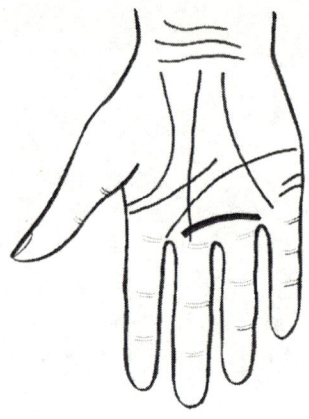

Die Glückslinien – Innere Harmonie

Was ist Glück für mich? Jeder hat eine eigene Vorstellung vom »Glück«. Der eine träumt von dem großen Gewinn in einer Lotterie, der andere, daß er auf einer großen Bühne zeigen kann, was in ihm steckt. Für jeden gibt es den berechtigten Wunsch nach einer materiellen und sozialen Harmonie.

Der andere Typus erfreut sich an einem Bild, das er unvermutet in einem Museum findet, der nächste an dem Lächeln eines Kindes, an einer vertrauten Melodie, die plötzlich durch den Raum weht…

»Glücklich ist der, der in sich ruht,« sagt nicht nur der weise Chinese. Es gibt ein Glück, das aus einer unbeirrbaren inneren Sicherheit entsteht.

SEINE/IHRE SEELISCHE ZUFRIEDENHEIT
– EIN TEIL DES GLÜCKS

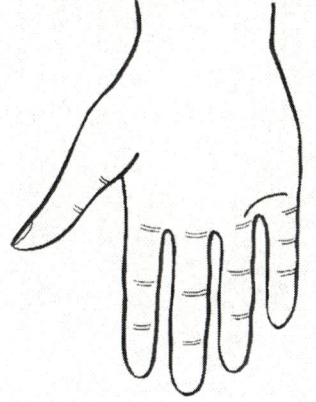

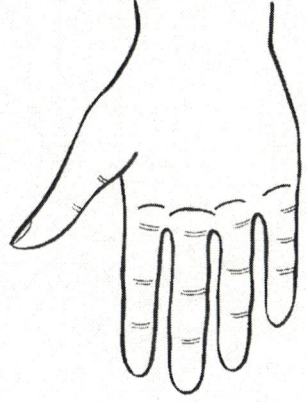

24 - Das kleine Glück   *25 - Seelischer Glückspilz*

Die Glückslinien sagen uns, wo wir zur inneren Zufriedenheit neigen. Die einen neigen dazu, sich in einer Beziehung mit viel Vertrauen in den Partner einzurichten (24).

Andere, beneidenswerte Menschen sind mit sich und ihrem Leben, wie der Volksmund sagt, rundum zufrieden und ausgeglichen (25).

Vielleicht sind diese Menschen zufriedener mit ihrem Leben, weil sie sich nach außen abschotten können. Diese Linien können auch als Abgrenzung gelesen werden. (Komm mir nicht zu nahe. Laß mir meinen Frieden.)

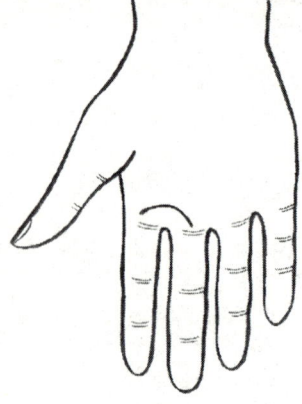

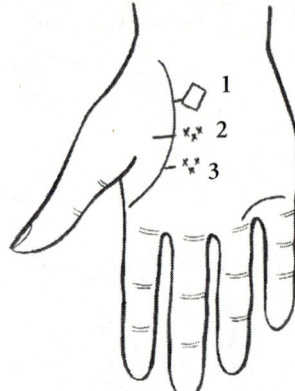

*26 - Erfüllung als
Lehrer/Richter usw.*   *27 - Materielles Glück*

Der nächste fühlt sich in seinem Beruf als Lehrer, Richter, Arzt oder
Anwalt sehr wohl (26).

Auch wenn der innere Frieden wirklich unbezahlbar ist, es gibt verläßliche, materielle Glückszeichen (27) in der Hand z. B.:

27/1 Eine Erbschaft – Sollte diese Fläche zerrissen erscheinen,
droht ein häßlicher Erbschaftsstreit.

27/2 Materielles Glück durch Geldsegen, der bleibt.

27/3 Verlust von materiellen Gütern oder Betrug. (»Wie gewonnen
so zerronnen«, sagt der Volksmund.)

Diese Zeichen können überall an der Lebenslinie auftauchen und zeigen uns dann den genauen Zeitpunkt, wann und wo.

Resümee

Natürlich sind die in diesem Handlesekurs vorgestellten Deutungsbeispiele nur eine grobe Übersicht über die unzähligen Möglichkeiten einer Lebensbeschreibung unserer Probanden. Menschen, die unserer Kunst vertrauen, wollen nicht belehrt werden. Sie wollen im Grunde bestätigt werden, auf dem richtigen Weg zu sein.

Natürlich wollen sie aber auch ihre Zweifel, ihre Unsicherheit und ihre Lebensphilosophie hinterfragen. – Das ist nur ein scheinbarer Zwiespalt, den wir als Dolmetscher der Zeichen in der Hand überbrücken müssen. Das Handlesen besteht aus der Analyse und dem Deuten der Zeichen, die wir in den Händen finden. Wir sollten den Menschen als Ganzes sehen und nicht nur auf seine Hände reduzieren. Wenn ich einen Gast berate, achte ich auch darauf, wie er mir zur Begrüßung die Hand gibt. Ist der Händedruck übertrieben fest und entschlossen, heißt es eventuell »Achtung«:

Was will er mir vormachen?

Was will er verbergen?

Was will er mir beweisen?

Ist der Händedruck dagegen weich und lasch, läßt das auf eine unsichere Person schließen, die möglicherweise auf mein Mitleid spekuliert und mich nur benutzen will. – Also Vorsicht!

Es nutzt absolut nichts, wenn ich einem fragenden Gast nach dem Sinn rede und auf seine Spielchen eingehe. Gerade diese Menschen sind auf der Suche nach Sicherheit wie andererseits nach ihren verborgenen Möglichkeiten.

Sie suchen mit unserer Hilfe einen Weg, ihr Leben neu zu ordnen. Oft wollen sie aber auch nur verstehen, warum sie in dieser Lebenssituation so ohnmächtig reagieren. Warum sie scheinbar immer wieder in dieselbe, unlösbare Situation kommen. Ein Blick in die frühe Kindheit hilft, Verhaltensmuster aufzudecken, die uns als Wiederholungstäter immer wieder einholen.

Im Grunde muß ich bei meinen Beratungen dem Gast gegenüber ein Gefühl der Unbestechlichkeit und Neutralität entwickeln. Er muß das Gefühl von *meiner* Sicherheit spüren, damit er mir vertrauen kann. Also erzählen wir unseren Gästen nur das, dessen wir uns selber sicher sind.

Auch wenn ich schon selber seit gefühlten hundert Jahren aus den Händen anderer Menschen lese, habe ich manchmal die Gewißheit, daß mir gerade diese eine Hand, entgegen meiner Erfahrung, doch etwas anderes erzählen will; eine Geschichte, die unlogisch erscheint und der Persönlichkeit der bis jetzt analysierten Person widerspricht. Da werden Signale aus der Hand fühlbar, die ich dann selber nicht erklären kann. In diesem Fall frage ich meinen Gast, ob dieses Thema ihn berührt oder ängstigt. Vielleicht ist es ja auch der Schlüssel zu der Person, die uns fragt. Es hat sich bewährt, auch dem Gast zuzuhören und sich auf ihn einzulassen, ohne ihn auszuhorchen oder nach dem Mund zu reden.

Auch wenn es nicht die Aufgabe eines Lebensberaters ist, in die Zukunft zu schauen, werden wir von unseren Gästen immer wieder danach gefragt. Ich sage dann: »Ich kann nicht wirklich in die Zukunft schauen, aber ich sage dir deine Vergangenheit voraus.«

Der Mensch an sich ist selten in der Lage, seinen Lebensweg spontan zu verändern. Dazu benötigt er schon extreme Ausnahmesituationen, wie den Verlust einer Beziehung oder der Arbeit, einschneidende Krankheiten und dergleichen oder auch ein freudiges Ereignis, wie das nicht geplante Kind oder überraschendes Glück.

Im allgemeinen haben wir alle eingefahrene Verhaltensmuster, ob wir wollen oder nicht. Wenn ich mein Lebtag Kaffee getrunken habe, fällt es mir schwer, mich auf Tee umzustellen. Oder fragen wir doch mal einen Raucher, warum er nicht aufhört, wo doch jeder mittlerweile wissen sollte, daß es ungesund ist.

Unser Lebensplan ist durch unsere Zeugung, Erziehung und bestimmte wichtige Ereignisse wie auf einer gesicherten Computerfestplatte in unser Gehirn fest eingebrannt.

Wenn wir wirklich etwas verändern wollen oder müssen, geht das nicht über den logischen Weg, sondern nur über unsere Gefühlswelt. Fragen wir einmal einen Psychologen, er wird uns dasselbe sagen.

Wenn wir über die Zukunft reden, dann nur in der Vermutungsform, und wir brauchen uns nicht wundern, wenn es eintritt.

Außerdem sollte man nicht immer alles erklären wollen. Ich habe schon lange aufgehört zu fragen, wieso und warum. Bei aller Aufgeklärtheit sollten wir uns doch nicht in alle unsere Erfahrungen schauen lassen. Ein bißchen Geheimnis darf es schon sein. Ich habe auf einer Veranstaltung mal einen Handleser bewundert, weil er mit verbundenen Augen, nur durch das Abtasten der Hände, treffende Aussagen machen konnte.

Besondere Hände

Besonders schwierig finde ich persönlich das Lesen von stark schwitzenden Händen.* – Ob das zum Standard dieser Menschen gehört? – Oder ob sie nur wegen der Ausnahmesituation des Handleseinterviews so schwitzen? – Jedenfalls haben auch diese Menschen ein Recht auf eine neutrale Beratung. Ich selber habe schon mit feuchten Händen wartend vor einem Wahrsagerzelt gestanden und bin gespannt gewesen, was ich dort erfahren würde.

Nach einer chinesischen Lehre haben auch Schwielen in der Innenhand ihre spezielle Bedeutung. Ob eine Hautverhärtung unterhalb des Ringfingers, wie ich schon öfter feststellen konnte, eine Spannung im

* Ich empfehle dann das bewährte Spray ODABAN®.

privaten Bereich anzeigt oder eine Schwiele direkt unterhalb des Mittelfingers einen Konflikt mit dem Gerechtigkeitssinn bedeutet, wir sollten auf solche wichtigen Nebenzeichen achten.

Narbenlesen

Vor vielen Jahren habe ich einmal in einer Sendung des niederländischen Fernsehens einen Professor erlebt, der Narben lesen konnte. Er konnte den Gästen der Sendung genau erzählen, wann und was sie Besonderes erlebt hatten. Bei meinen Beratungsgesprächen habe ich dann seine auf den ersten Blick unlogische Theorie überprüfen können. Der Mann hat hundertprozentig recht, und es gibt einen unlogischen Zusammenhang.

Nach dieser Methode sagt eine vorhandene alte Narbe an meinem rechten Daumen (Arbeit), den ich mir mit etwa vier Jahren verletzt hatte, daß ich jahrelang in einem für mich falschen Beruf gearbeitet habe.

Natürlich sollten wir bei einer Beratung auch einen Blick auf die Oberseite der Hand und die Struktur der Fingernägel werfen. Lange, spitze Fingernägel sprechen oft von einem neugierigen und unsicheren, aktiven Menschen. Die kratzen in Notwehr ihrem Gegenüber, nicht nur sprichwörtlich, schon mal die Augen aus. Kurze und breite Nägel zeigen uns einen Menschen mit einer oft nicht zu überbietenden Sturheit und Verbissenheit. Harmonische geformte Nägel lassen einen Typ vermuten, der gerne eine Harmonie um sich verbreitet.

Ich habe kürzlich einen jungen Mann kennengelernt, der hatte kräftige, fleischige Hände, aber extrem kleine Fingernägel. Er schien ein fleißiger Mensch zu sein, der sich in seinem gewohnten Umfeld zurechtfand, in ungewohnten Situationen aber schnell chaotisch und hilflos wirkte.

Umgang mit fragenden Menschen

Stellen wir uns jetzt einmal vor, du hast die ersten Linien kennengelernt und möchtest einmal ausprobieren, ob du schon etwas erkennst. Zum Üben empfehle ich dir eine neutrale, dir unbekannte Person. Bei Bekannten ist die Gefahr zu groß, daß du dein vorhandenes Wissen über diese Person in dein Gespräch mit einfließen läßt.

Hände weg von Verwandten! – Ich habe mal bei meiner eigenen Freundin gesehen, mit wem sie fremdgeht. Ein Schock fürs Leben!

Wenn du die Geheimnisse deiner eigenen Hand und ihrer Linien deuten willst, dann mache dir Schwarzweiß-Fotokopien deiner Hände. Am besten kopiere sie dir auf einem DIN A 3 Blatt, dann bekommst du beide Hände auf ein Blatt. Der Vorteil von Schwarzweiß-Kopien liegt im Kontrast. Farbkopierer haben oft einen Farbstich, der stören kann. Vielleicht machst du dir auch mal helle und mal dunklere Kopien. Probiere es aus.

Wenn du dann diese Kopien vor dir liegen hast, drehe sie so hin, als ob du in eine fremde Hand schaust. Du wirst erstaunt sein, wie anders deine eigenen Hände aus dieser Perspektive aussehen. Am besten, du machst dir an der Seite Notizen mit dem Datum, damit du später darauf zurückgreifen kannst.

Vor einem Beratungsgespräch sollten wir erst einmal herausfinden, warum unser Gegenüber uns aufsucht. Dann mache ihm oder ihr klar, daß du kein Hellseher bist – es sei denn, du bist einer. Dann brauchst du aber keine Hände als Informationsquelle.

Verstehe dich als Dolmetscher der individuellen Signale, die du aus den Händen liest. Nicht mehr und nicht weniger.

Stelle dich zu hundert Prozent auf deinen Gast ein. Beurteile nicht, was du dort siehst und fühlst. Sei neutraler als neutral, dann wirst du Erfolg haben. Rede ihm in keinem Fall nach dem Mund, auch wenn es logisch scheint, was du hörst.

Ich kenne Kunden, die rennen für viel Geld von Wahrsager zu Wahrsager und sind erst zufrieden, wenn sie hören, was sie hören wollen. Wenn es dann doch nicht eintritt, sind die blöden Wahrsager schuld. So sind sie die Menschen.

Zu 99 % suchen die Menschen uns auf, um Tips für ihre Zukunft zu erhalten. Ich sage es hier noch einmal: »Kein Mensch kann wirklich in die Zukunft schauen, auch wir nicht!« – Aber wenn wir uns sensibel und souverän auf unser Gegenüber einlassen, werden wir ihm die Möglichkeiten aufzeigen können, die sich höchstwahrscheinlich für ihn auftun – welche Wege ihm offenstehen und welche er sich erkämpfen muß. Wichtig ist, daß man im Leben weitergeht und nicht stehenbleibt!

Vorsicht bei zukünftigen Zeitangaben, denn nichts ist so schwer, wie verläßliche Angaben zu machen. Als Bezugspunkte sind da, wie in der Astrologie, die Lebensstationen der Vergangenheit hilfreich.

Erst wenn ich mich in der Deutung der Vergangenheit und der Gegenwart sicher fühle, werde ich mich mit der Zukunft meines Gastes auseinandersetzen. Ich lasse mich auch niemals unter Erwartungsdruck setzen, denn dann bin ich mir selber nicht mehr treu.

Ein Gast hat ein Anrecht auf meine Souveränität und ich einen Anspruch auf seinen Respekt meiner Kunst gegenüber. Es ist eine Kunst und ein Handwerk zugleich das wir ausüben.

Es wird auch vorkommen, daß Kinder unsere Nähe suchen. Ob Eltern uns danach fragen oder das Kind von alleine neugierig ist, sage nur das, was kindsgerecht ist. Erkläre dann bei jedem Gespräch den Eltern, daß die Linien nur ein Hinweis auf mögliche Wege des zukünftigen Lebens sind und jedes Kind ein Recht darauf hat, alle diese Wege auszuprobieren. Sollten die Kinder uns von alleine aufsuchen, mache ihnen Mut, Lebensmut!

Sage zum Abschluß jedes Gespräches, daß du zwar nach bestem Wissen und Gewissen arbeitest, aber die letzte Entscheidung, das Gehörte einzuordnen, bei ihnen selbst liegt.

Erinnere deine Klienten an ihre eigene Verantwortung, ihr Leben jeden Tag neu in die eigenen Hände zu nehmen!

Ferner solltest du niemals etwas umsonst tun, nur um dich interessant zu machen. Ob du 5 Euro oder mehr verlangst, liegt in deinem Ermessen. Die Erfahrung sagt, daß die Menschen gerne für ehrliche Arbeit bezahlen wollen (Energieausgleich).

Habe Respekt vor deiner eigenen Arbeit!

Auch wenn Handlesen eine Domäne der Zigeuner ist, sagte schon die berühmte Wahrsagerin Buchela (1899 - 1986): »Nicht jeder Zigeuner kann handlesen.« Sehr viele Sinti und Roma waren schon zu einer Beratung bei mir.

Immer wieder werde ich gefragt: »Was ist mit meiner Mutter, Kindern, meinem Ex«, usw. »Wann stirbt meine/r …?« – »Schafft mein Kind die Schule?« – »Hat meine Tochter den richtigen Mann?« – Auf diese und ähnliche Fragen sage ich gerne: »In deiner Hand kann so etwas nicht geschrieben stehen, sonst müßte sie so groß wie ein Klodeckel sein.«

Mit dieser humorvollen Aussage sind sie meist zufrieden. Sollten aber diese Fragen wichtig sein, nehme ich zur ergänzenden Aufklärung gerne die Tarotkarten. Dort finde ich oft die Hinweise, die eine Hand nicht erzählen kann und soll.

In meiner Hand ist nur mein Leben und die Reflektion auf mein soziales Umfeld sichtbar und nicht das Leben der anderen.

Es steht auch nicht der Tod meiner Oma darin, sondern nur, wie ich damit umgehen kann; nicht ein Unfall, sondern nur, daß ich unfallgefährdet bin; nicht der Lottogewinn, sondern nur, wann ich eine positive Glückssträhne habe, wo mir alles leichter von der Hand geht; nicht, ob mein Partner fremdgeht, sondern wie ich mit meiner Toleranz oder Eifersucht umgehen kann.

Noch einmal: Ich glaube nicht, daß ich in einer Hand das Leben anderer Menschen sehen kann. Deshalb mache ich dort auch keine Aussagen. *Basta!*

Erstes Schlußwort

Bei allen von mir vorgestellten Beschreibungen handelt es sich um von mir selbst gemachte Erfahrungswerte. Wenn du – als Anfänger oder Meister – bei deinen Handlesungen neue Zeichen, Bilder und Signale findest und nicht weißt, wie du sie deuten sollst, höre auf deine innere Stimme und sprich aus, was du im Moment des Erkennens empfindest. Versuche, nichts zu erzwingen und halte dich, wenn du unsicher bist, mit deinen Aussagen zurück.

Weniger ist manchmal mehr.

Wenn du genug Erfahrungen gemacht hast, schreibe ein eigenes Buch und gib deine Erfahrungen an die nächste neugierige Generation weiter.

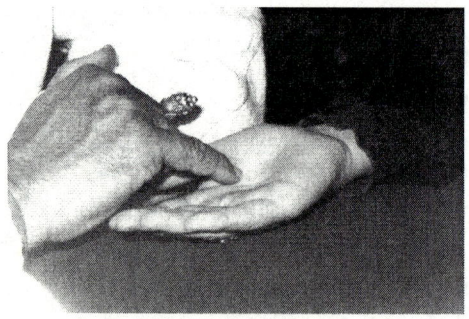

Übungsteil

Damit du das Gelesene und Gelernte überprüfen und an Fotohänden üben kannst, kommt hier der Übungsteil.

*Übungshände fremder Personen**

Die hier vorgestellten plastischen Handabdrücke gehören Prominenten. Sie sind als begehbare Messingplatten in der Bremer Lloyd-Passage in den Boden eingelassen. Es ist nicht wichtig, ob du den Namen errätst, mir kommt es mehr auf den Charakter und die Energie an, die aus diesen Händen zu dir spricht.

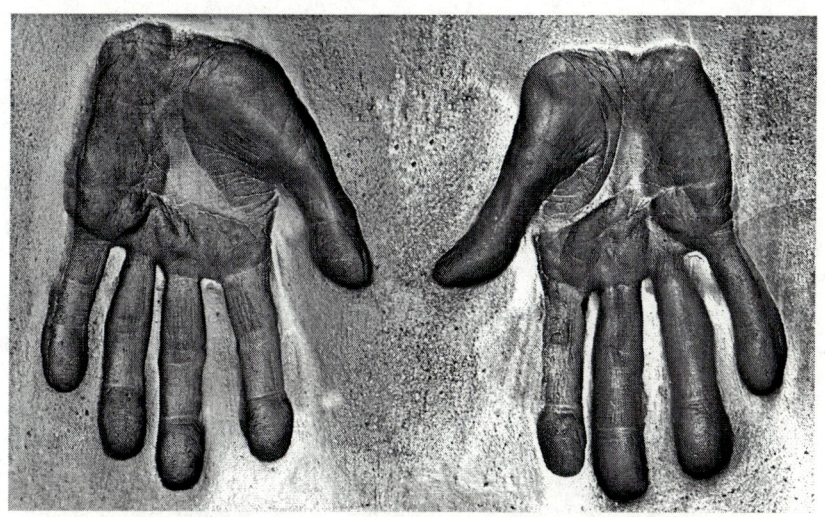

Achtung: Rechts und links beachten!
(a.)Welcher besondere Mensch und Star steckt wohl dahinter?
Achte auf die Proportionen, den Abstand und die Länge der Finger. Größe der Berge, Stärke der Linien, und, und…

* mit freundlicher Genehmigung der Lloydpassage in Bremen

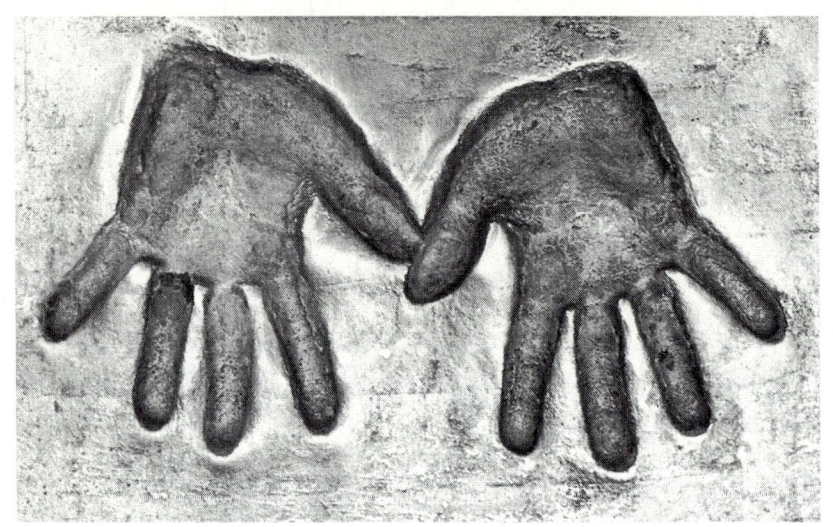

(b.) Achte auf den Abstand der Finger!

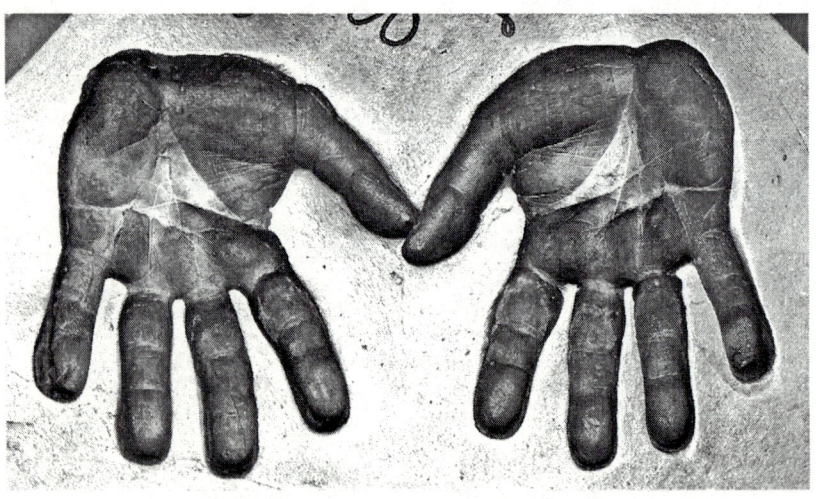

(c.) Wo und wann verläuft die Schicksalslinie?

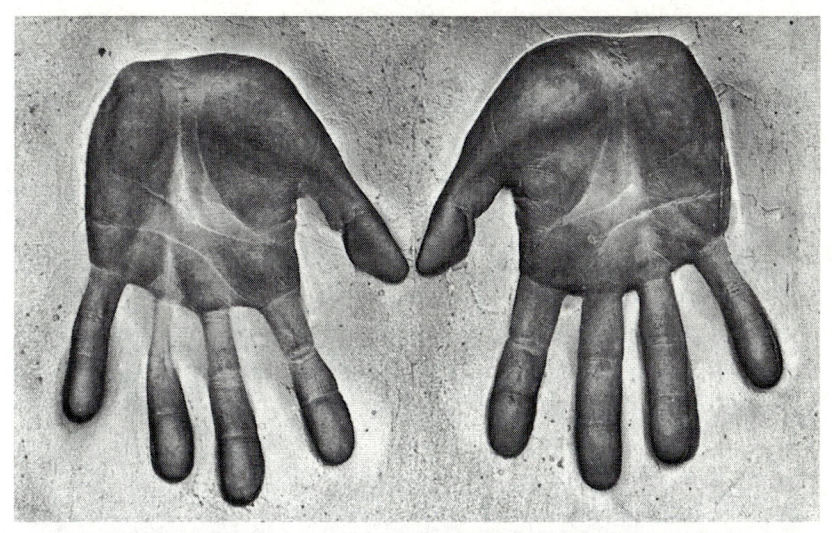

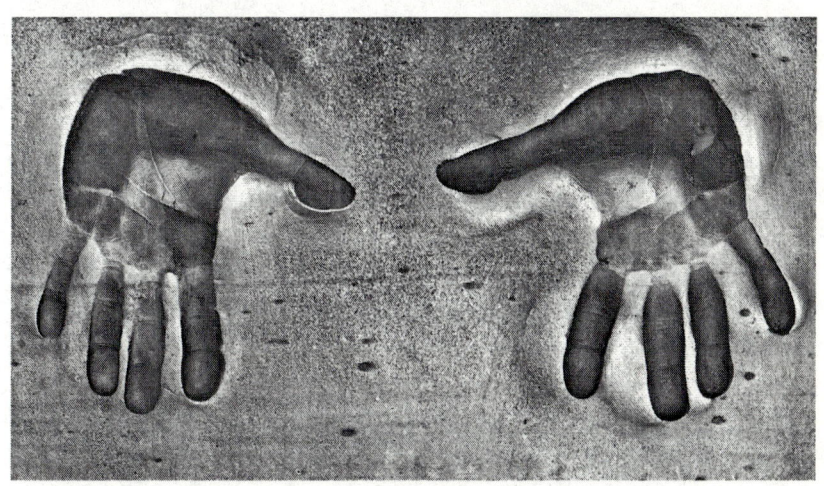

(d. & e.) Achte auf die Winkel der Daumen!

(f.) Spielt nicht nur im .... gerne die Chefin.

Auflösung:

(a) Diese Hände gehörten dem legendären Showmaster Rudi Carrell.

(b) Peter Maffay ist nicht nur ein großartiger Musiker. Er hat auch ein großes Herz.

(c) Uwe Seeler – Eine Legende mit einem treffsicheren Ballinstinkt.

(d) Ein einfühlsames Tennis-Ass: Michael Stich.

(e) Er hat die Erde von außen gesehen, der Astronaut Ulf Merbold.

(f) Die Schauspielerin Sabine Postel.

Was sagen uns diese Politikerhände...
... und wem gehören sie?

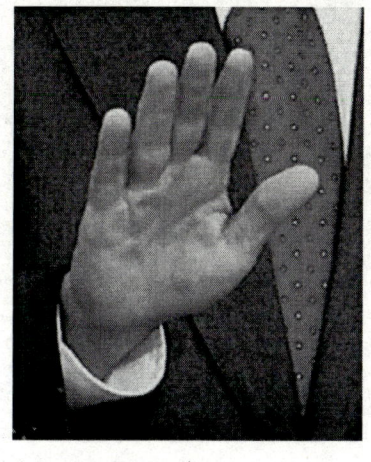

A

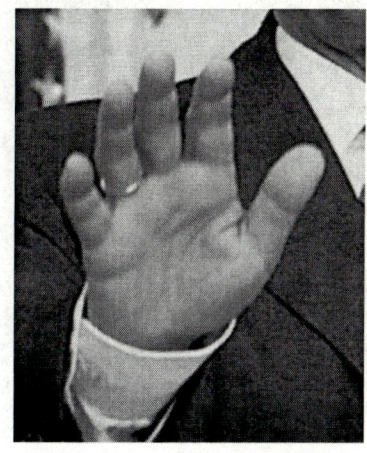

B

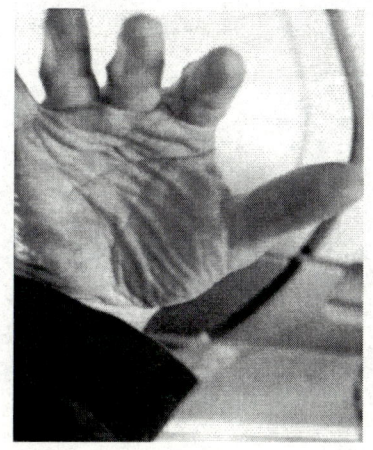

C

?

Joschka Fischer

Gerhard Schröder

George W. Bush Junior

?

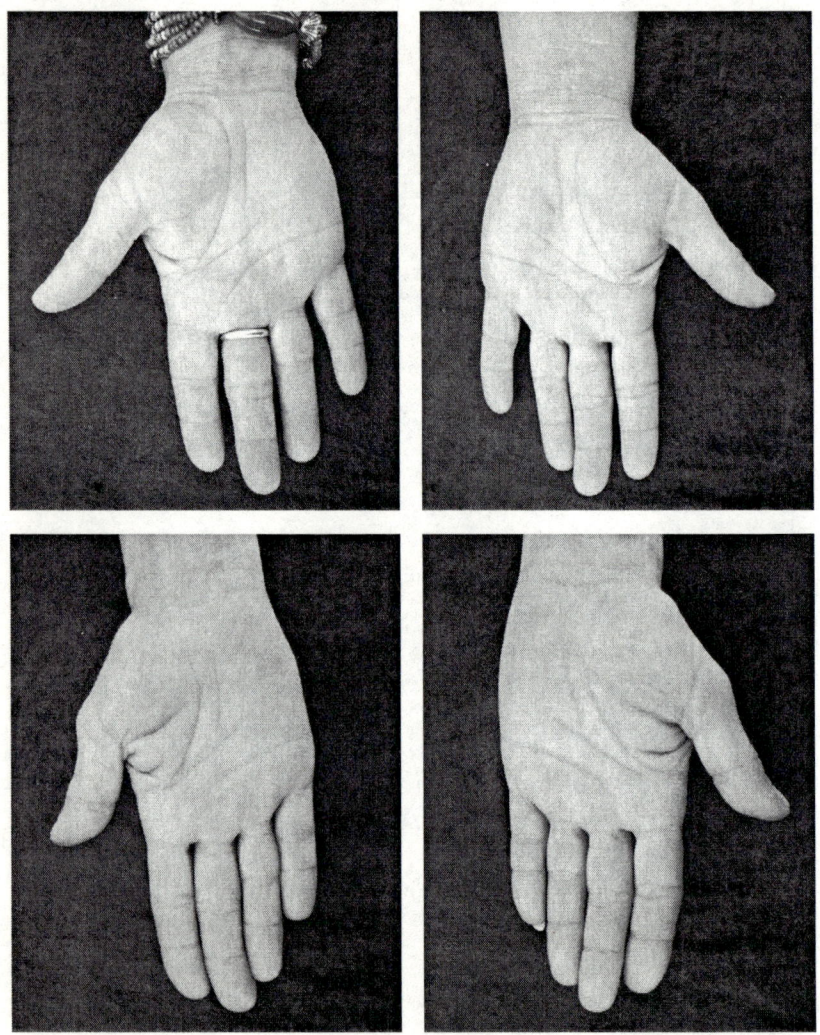

Ehepaar, Tina und Peter G.

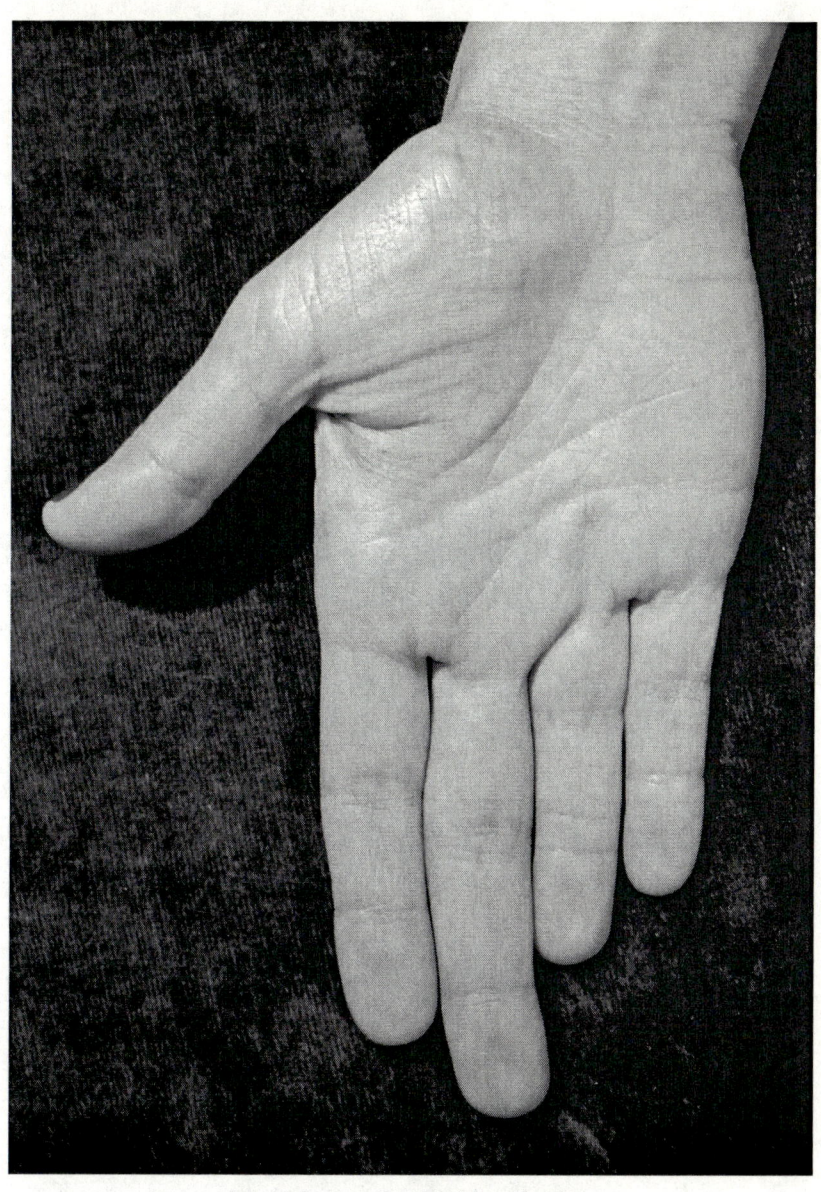

Das sieht man auch nicht alle Tage:
eine Frau (42) für die Öffentlichkeit?!

163

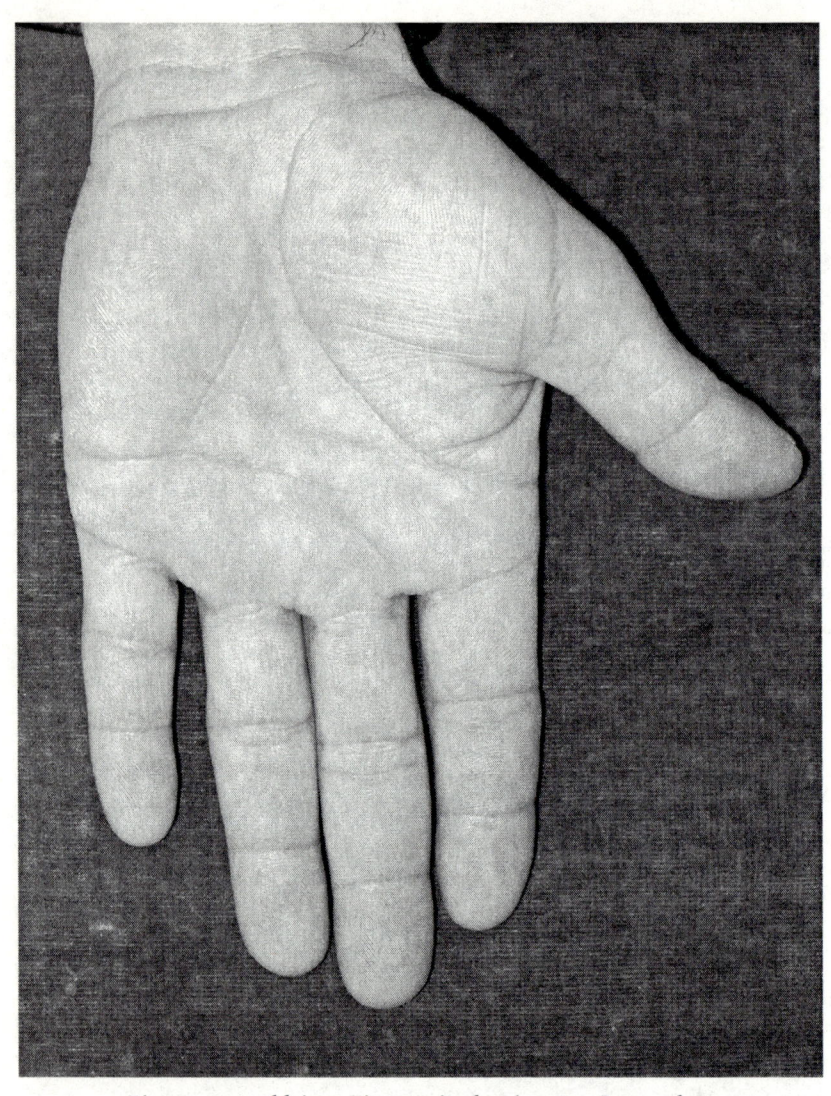

*Ein separater kleiner Finger, ein dominanter Sonnenberg
und starke Linien prägen diese Hand.*

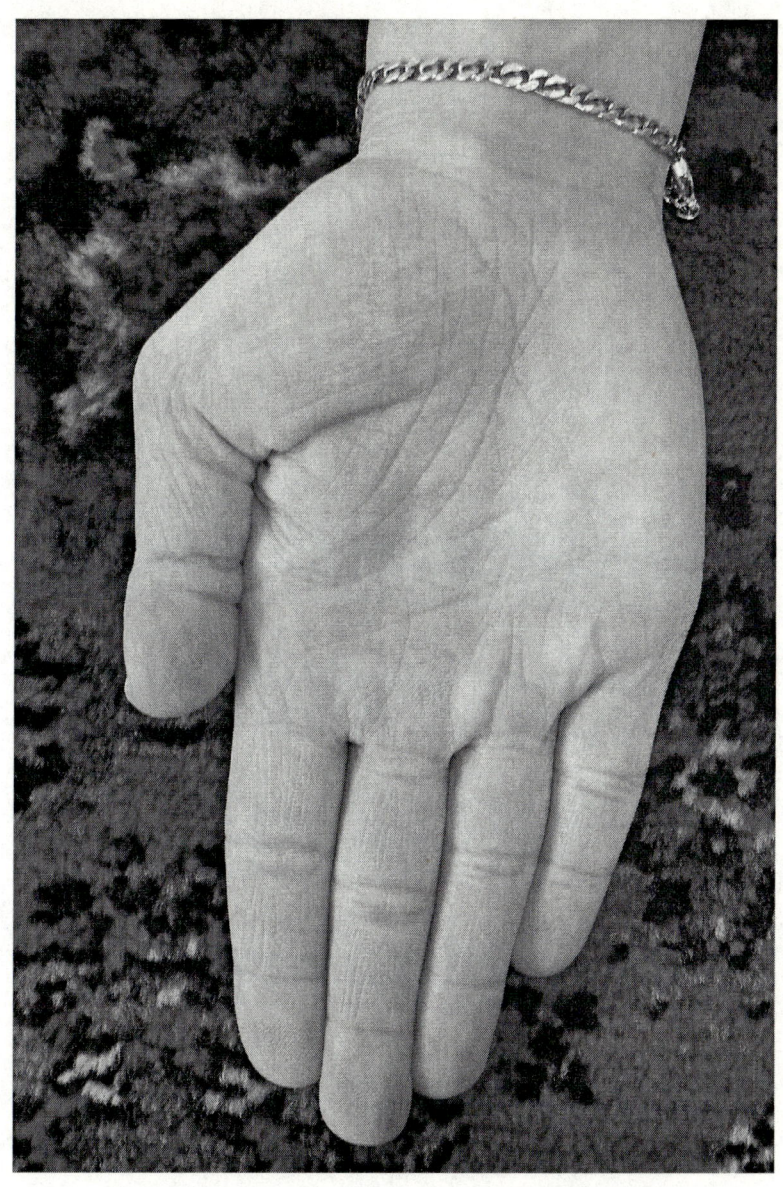

Ein starker, ungewöhnlicher Daumen, drei Lebenslinien
– äußerst harmoniesüchtig.

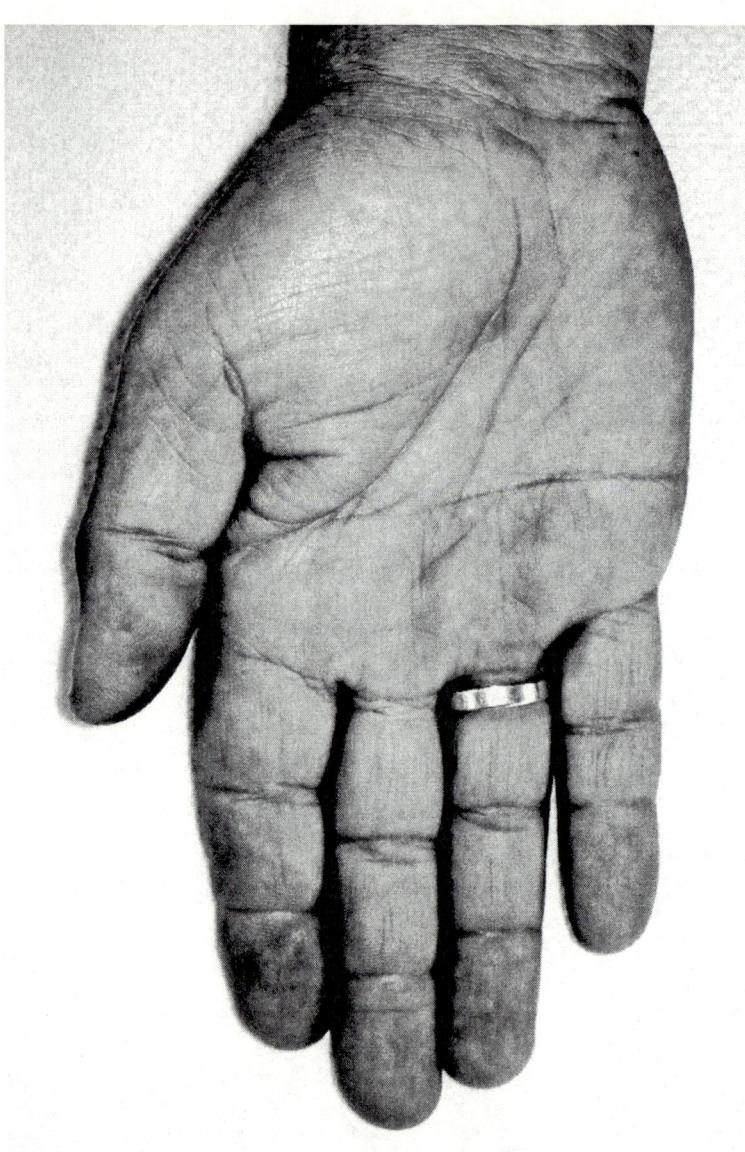

Bernd 59, Stier – aufgebrochene Liebeslinie

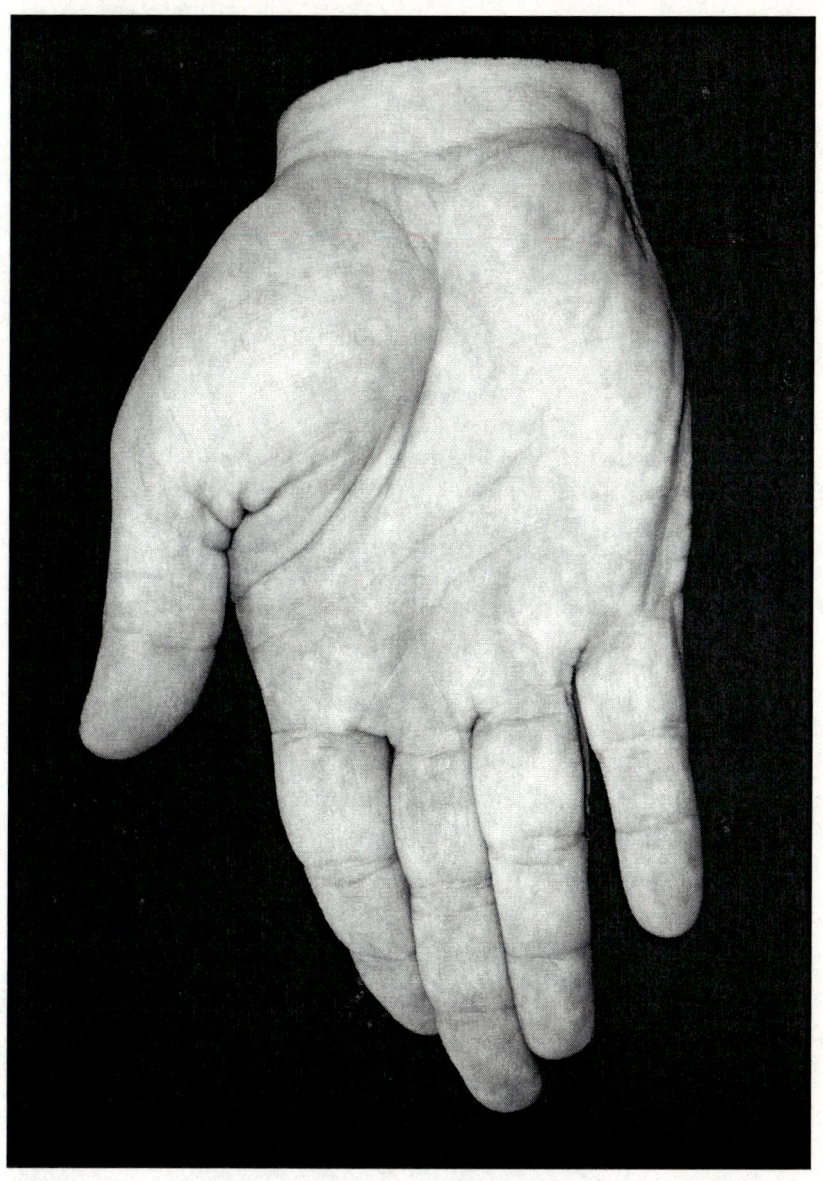

Hand eines (Lebens-) Künstlers, 85 Jahre

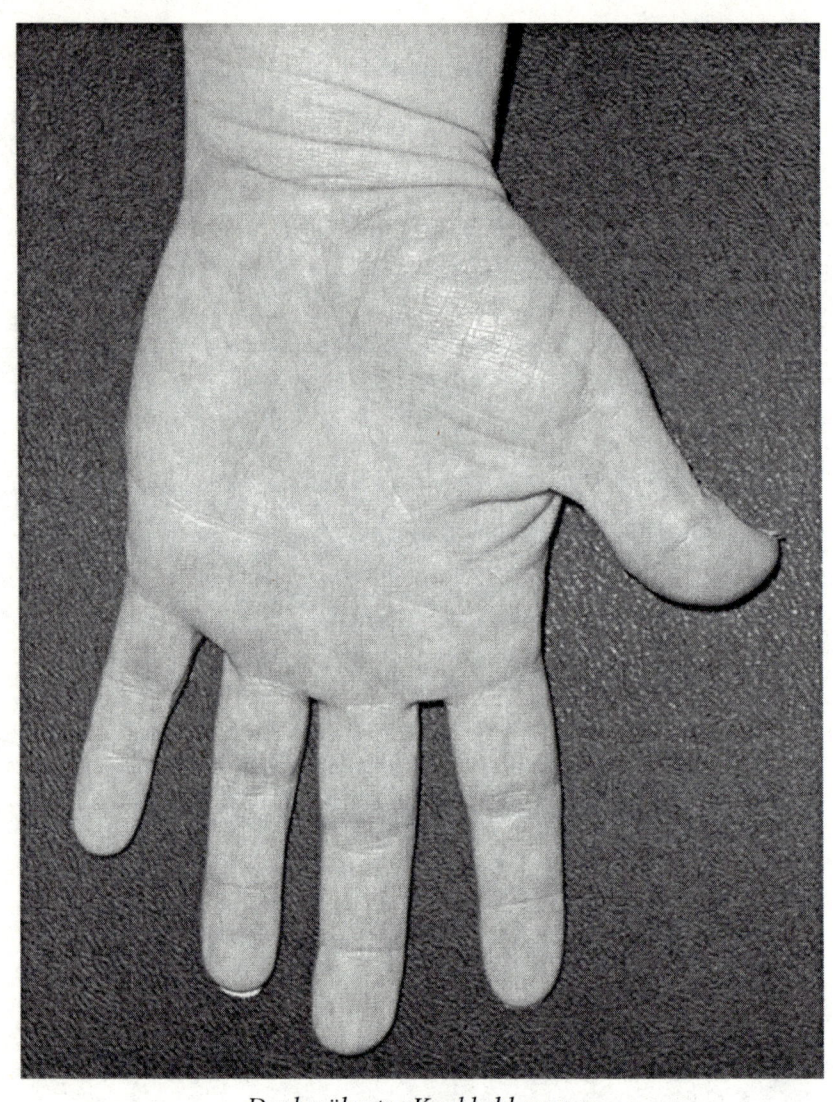

Der berühmte »Knubbeldaumen«

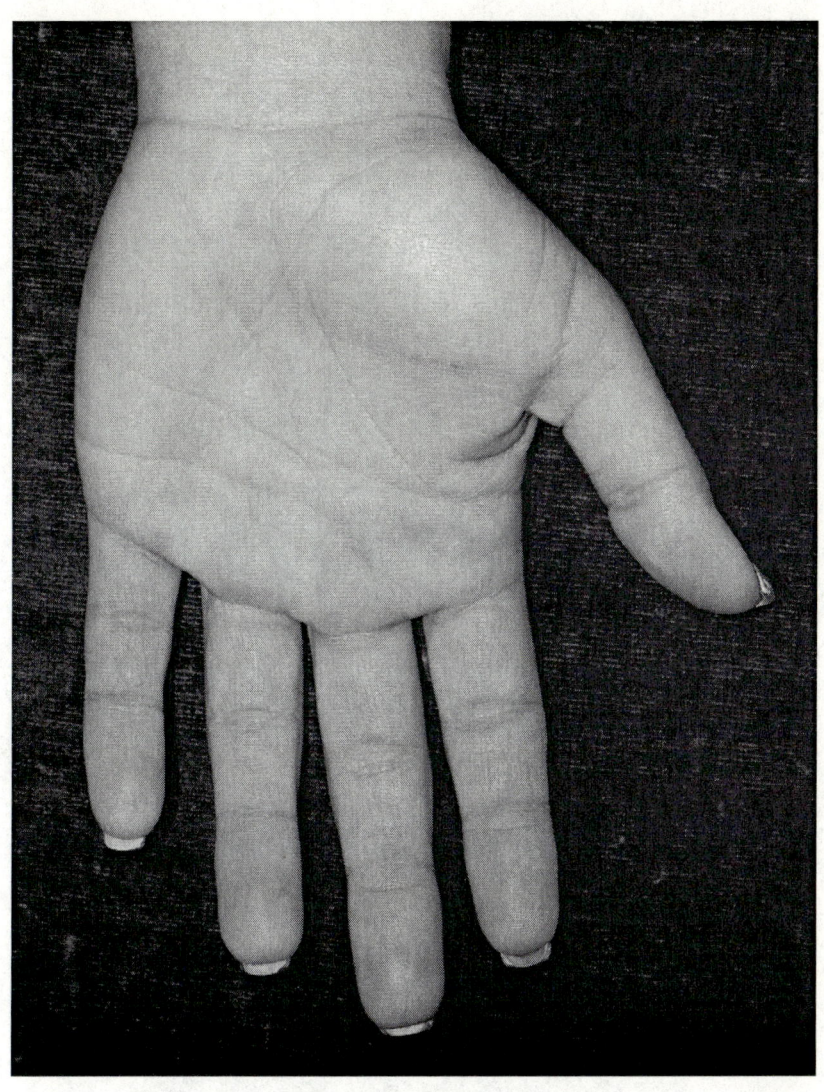

Die (normale) Hand von Bianka (26)

Hände in der bildenden Kunst

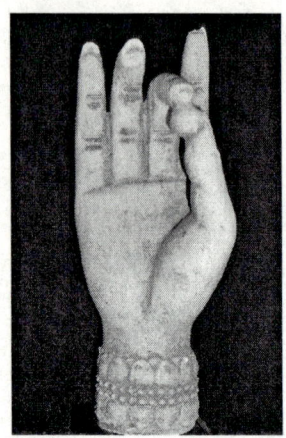

Hand Buddhas, Steingut-Skulptur, Indien

Diese eindrucksvollen Hände stehen auf
dem Unigelände in Karlsruhe.
(Skulptur »Betende Hände«, 1978, von Jürgen Goertz)

170

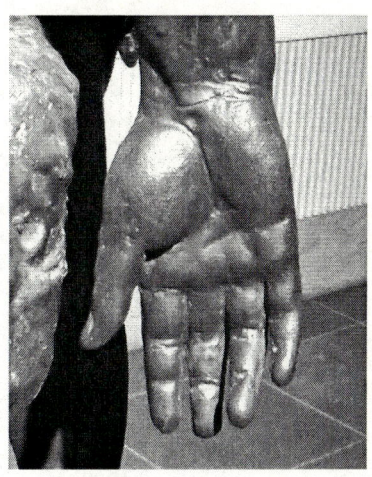

Segnende Hand des
Assurnassirpal II.
(883 - 859 v. Ch.),
Pergamon-Museum Berlin

Kain erschlägt Abel –
Detail Hand des Abel
Reinhold Begas (1831 - 1911),
Historisches Museum, Berlin

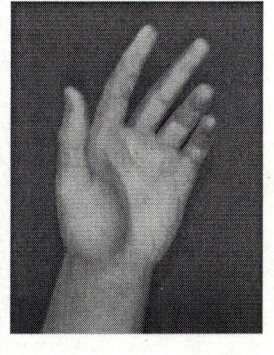

Ideale segnende Hand eines römischen Kaisers
Ohne Namen, Pergamon-Museum, Berlin

Lieber Leser dieses Buches,

ich hoffe, daß dich meine Ausführungen und Anregungen zum Thema Handlesen anregen, dir eigene Erfahrungen zu suchen. Ob du diese nur als Hobby oder als Berufserweiterung nutzt: Achte immer die Würde deines Gegenüber!

Lerne jeden Tag dazu und sei bereit, dich auch mal zu irren, dann wirst du fragende Gäste haben, die dich weiterempfehlen.

173

Zum guten Schluß

Die schönsten Komplimente sind, wenn die Kunden nach einiger Zeit wiederkommen und sagen: »Hätte ich nur auf Sie gehört, dann wäre mir vieles erspart geblieben.« Oder aber auch: »Gut, daß ich auf Sie gehört habe.«

Außerdem bekomme ich auch nach vielen Jahren immer wieder Rückmeldungen von Kunden, daß viele Dinge, wie ich sie vor zwanzig oder dreißig Jahren vorhergesagt habe, eingetroffen sind. Das ist als Kompliment gemeint. Natürlich kann ich mich nicht an jedes einzelne Gespräch erinnern, aber mir ist bewußt, daß die Zeit für mich arbeitet.

Wie oft habe ich im Beratungsgespräch schon gehört: »Das kann nicht sein.« – »Das würde ich nie tun.« – »Das ist unmöglich.« usw. Aber sie haben es in der jeweiligen Situation doch getan. Sie sind über ihren Schatten gesprungen und haben auch aufgrund meines Anstoßes ihr Leben gemeistert. Darauf bin ich auch (ein bißchen) stolz.

Ich stelle allerdings selten langfristige Prognosen, denn als Handleser verstehe ich mich nicht als Hellseher, sondern nur als sensibler Dolmetscher der Handlinien und ihrer untrüglichen Zeichen von Vergangenheit, Gegenwart und Zukunft…

Wenn ein Mensch keine Träume hat, wird man auch in den Händen keine Zukunft finden. Es gibt aber auch Menschen, die haben Träume, für die reichen drei Leben nicht aus, und so sehen dann die Linien auch aus.

Ich habe bewußt auf eine Beschreibung der linken Hände verzichtet! – Als Anfänger sollte man erst einmal das hier beschriebene Grundwissen ausprobieren und kennenlernen. Durch stetiges Üben am lebenden Menschen erschließt sich dir nach und nach auch die linke Hand.

Es steht jedem Leser frei, die Vorschläge aus diesem Buch zu überprüfen und für sich und andere nutzbar zu machen.

Alle in diesem Buch vorgestellte Anregungen und Tips sind nach bestem Wissen und Gewissen zusammengestellt. Eine Garantie für die Richtigkeit kann und darf ich aus rechtlichen Gründen nicht übernehmen.

Bernd Kreuzer/El Fantadu

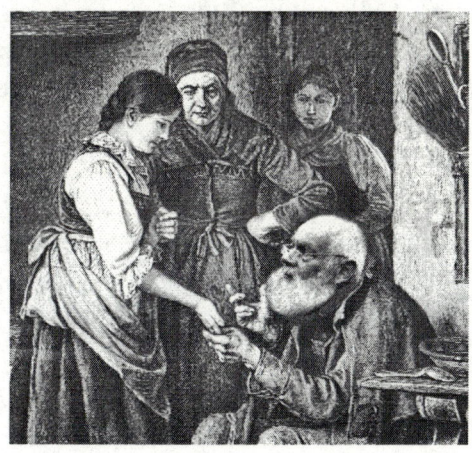

PS: Wie am Anfang versprochen, können wir uns jetzt wieder siezen – muß aber nicht sein!

Pressestimme

Zum Abschluß dieses Buches ein Bericht der Magdeburger Volksstimme über einen anonymen Besucher in meinem Beratungswagen auf der Magdeburger Frühjahrsmesse.

»Der liest ja in mir wie in einem Buch.«
Seit fast zwei Wochen ist einer der bekanntesten deutschen Wahrsager in der Stadt. Bernd G. Kreuzer alias »El Fantadu« ist mit seinem Wagen auf der Frühjahrsmesse.

Bei »Astro-TV« zum Beispiel gehörte »El Fantadu« aus Fuldatal bei Kassel zu den Quotenbringern, und auf Jahrmärkten bilden sich immer lange Schlangen. In Magdeburg stellte ihn die Volksstimme auf die Probe und brachte ihm einen stadtbekannten Prominenten in die Hütte. Er weiß nicht, um wen es sich handelt, will es auch gar nicht wissen: »Bei mir ist jeder nur ein Mensch.« El Fantadu erfragt lediglich den Vornamen (Michael), das Alter (51) und das Sternzeichen (Zwilling). Dann liest er unserem Promi aus der Hand: »Du wolltest oder solltest nicht auf die Welt kommen.«

Unser Promi: »Das kann ich schwer beurteilen, ich weiß nur, daß meine Mutter sehr jung war.« – El Fantadu: »Ich sehe, daß du zum Vater ein gestreßtes Verhältnis hattest und jede Möglichkeit genutzt hast, von zu Hause wegzukommen.« Michael nickt: »Stimmt, ich war immer froh, wenn ich bei der Oma war.« – El Fantadu sieht eine »Gewaltlinie« im Alter von 22: »Da ist irgend etwas geschehen, vielleicht Streß mit dem Chef oder eine andere schmerzhafte Auseinandersetzung.« Auch das stimmt, Michael hatte während seiner Armeezeit einige körperliche Auseinandersetzungen.

Aus der Hand liest der Handleser u. a. auch, daß unser Promi »lieber zwei Jobs als gar keinen macht; arbeitet, um Anerkennung zu finden; das Publikum braucht; schriftstellerisch begabt ist und gut mit Worten umgehen kann«.

Seit seinem 32. Lebensjahr bekommt er Magenprobleme in Streß-situationen. Er ist rheumagefährdet und darf sich auf seinen 83. Geburtstag freuen, ehe er alt wird. Unser Promi, Puppentheaterintendant Michael Kempchen, ist verblüfft: »Das stimmt. Es stimmt alles.«

Er sei »symbolisch verantwortlich für vier Kinder«, wobei »Kinder« als Symbol für etwas steht, um das man sich kümmert. Auch das stimmt, denn der Intendant hat drei Katzen und einen Hund; eben seine »Kinder«. Auch die Tarotkarte, die zeigt, daß er eine wichtige Entscheidung getroffen habe, aber noch »ein Stempel von oben« fehlt, trifft den Nagel auf den Kopf: »Es stimmt, daß der Stadtrat dem Bau des mitteldeutschen Figurentheaterzentrums zugestimmt hat. Was noch fehlt, ist tatsächlich noch ›ein Stempel‹, nämlich der Fördermittelbescheid über 1,1 Millionen Euro.«

Er sei ein sensibler Mensch, der sich gerade frage, wie es weitergehe, der nach einer neuen Herausforderung suche, aber darin dadurch gehindert werde, weil er eine wichtige Sache (Figurentheaterzentrum) noch nicht abgeschlossen habe. Auch das stimmt, gibt Kempchen zu. EI Fantadu liest im Intendanten mit Hilfe von Tarot-Karten, Handlesen, Astrologie, Bildern, Pendeln oder Orakeln wie in einem Buch.

»Du bekommst in nächster Zeit von deinem Chef ein großes Lob«, verspricht ihm der Wahrsager und empfiehlt dem Intendanten einen Kurzurlaub: »Nimm die Arbeit nicht mit nach Hause, das macht dich kaputt.« Kempchen, der noch nie bei einem Wahrsager war und dazu auch erst von der Volksstimme überredet werden mußte, ist jetzt völlig perplex: »Ich bin wirklich überrascht, wie gut er über mich Bescheid weiß.«

(jja) Magdeburger Volksstimme

Buchempfehlungen

Die Biographie des weitgereisten Wahrsagers El Fantadu
208 Seiten, viele Fotos
ISBN 9-78387-02222-3

Leserbrief

Heute habe ich dein Buch fertiggelesen. Das einzige, was mich daran gestört hat, war, daß es leider zu schnell vorbei war.

Deine Lebensgeschichte hat mich so gefesselt, daß ich es in einem Tag gelesen habe.

Du wirst mit deinem Buch sicher vielen Menschen Mut machen, das Leben, egal welche Tiefen es auch hin und wieder mit sich bringt, immer wieder neu zu gestalten und jedem Tag etwas Positives abzugewinnen.

Mir hat es auf jeden Fall vermittelt, daß du ein guter Mensch mit einem offenen Herzen und einer guten Seele, aber vor allem ein Mensch mit einer guten Portion Humor bist.

Ich wünsche dir für die Zukunft viel Glück und hoffe, daß noch weitere schöne Bücher von dir folgen, denn du hast sicher noch vieles zu erzählen.

Liebe Grüße, Angelika

TAROT – Das offene Geheimnis,
ein mit dem **Fachmedienpreis 2006**
ausgezeichnetes Lese- und Lernver-
gnügen für neugierigen Anfänger und
den fortgeschrittenen Tarot-Liebhaber.

Pb., 176 Seiten, Abbildungen in Farbe,
mit Legeplan,
ISBN 978-3-89060-245-5

Das hundertste Buch zum Tarot?

Ja, aber so klar und einfach und so ganz von Grund auf gab es bisher nichts. Kein Wunder: El Fantadu ist seit über 25 Jahren Kartenleger aus Berufung und hat Tarot zu seinem Beruf gemacht. Dabei scheut er sich auch nicht, seit vielen Jahren auf Jahrmärkte und bei anderen Veranstaltungen auf die Menschen zuzugehen. Daher gelingt es ihm, in leicht verständlichen Worten einen Zugang zur Bedeutung der Karten zu eröffnen.

Wie er mit diesem »offenen Geheimnis« umgeht, zeigt sich schon an seinen einleitenden Tips: Lerne Tarot wie eine Sprache. Diese Sprache besteht aus 78 Worten (Karten), wovon der Anfänger mit den 22 Hauptworten (große Arkanen genannt) anfangen sollte. Die restlichen 56 Karten (kleine Arkanen) solltest du erst einmal beiseitelegen. Kein Mensch kann 78 Worte auf einmal lernen. Lasse dir beim Lernen Zeit! Versuche, jeden Tag nur eine dieser 22 Karten kennenzulernen. Du lernst so nicht nur die Karten, sondern auch dich selber besser kennen. Jede Karte hat die Kraft eines Wortes, mehrere Worte ergeben erst einen Satz. Akzeptiere: Du ziehst unbewußt die richtige Karte im rechten Moment und in der richtigen Reihenfolge. Ziehe eine Karte, zu der du dich hingezogen fühlst. Stelle ehrliche Fragen, und du wirst ehrliche Antworten erhalten. Suche nicht das Schicksal, sondern finde dich selbst. Bedenke, daß keine Karte der Welt dir deine Verantwortung für dein Tun und Handeln abnimmt.

Das Wichtigste: Erwarte keine fertigen Antworten. Tarot ist ein sehr neutrales Spiel. Es ist so schlau, neugierig, nachdenklich und wissend wie der Mensch, der sich damit auseinandersetzt.

Lieber Herr El Fantadu,
ich habe ihr neues Tarotbuch gelesen; ich muß sagen, ich bin begeistert und Ihnen sehr dankbar! Ihr Buch hat mir eine neue Sichtweise des Tarot gegeben.

Herzlichst, Ihre Katja Meyerricks

Pia Maria Medusa Lagrin geb. Traber
LEBENSREISE
... Erinnerungen an ein Leben auf dem Drahtseil

Die drei Leben der Pia Medusa
ISBN 9783842 381056 BoD

Das Leben im Himmel ... beginnt kurz nach dem Ende des 1. Welt-
krieges. Geboren am 8.12.1918 als »Schütze« in einem Pferdestall in
der Nähe von Hannover, großgeworden in der bekannten Artisten-
dynastie Traber, arbeitet sie schon als dreijähriges Kind mit dem Vater
als Akrobatin und später mit der Hundenummer ihrer Mutter in der
Manege, tanzt als Teenager auf dem Drahtseil, verliebt sich in einen
adeligen Wehrmachtsoffizier, den sie aus den Augen verliert.

In die Hölle ... kommt sie, als sie in der Nazizeit 1938 einen Sinto
aus der Zirkusfamilie Lagrin heiratet und trotz aller Bedrohungen in
dieser schwierigen Zeit zu ihrem Mann hält. Sie bekommt 1942 ihre
Tochter Blanka und geht nach dem Krieg sofort wieder aufs Seil. Dort
arbeitet sie auf Tourneen durch ganz Europa bis zu ihrem 55. Lebensjahr mit viel Erfolg als Seiltänzerin bei der Traber- und Lagrintruppe.

Das zweite Erden-Leben ... beginnt 1973 nach dem Tod ihres Mannes
Wilhelm Lagrin, genannt Adam. Sie besinnt sich auf das von ihrer
peruanischen Großmutter ererbte hellseherische Talent und arbeitet

zusammen mit ihrer Tochter Blanka als gefragte und geschätzte Wahrsagerin Pia Maria Medusa.

Bei ihren vielen Veranstaltungen besuchten sie auch viele prominente Gäste wie Michael Gorbatschow, Mildred Scheel, Alfred Biolek, Jürgen von der Lippe, Dunja Reiter, Christine Kaufmann und viele, viele andere.

Was an dieser Frau so fasziniert, ist, neben ihren hellseherischen Fähigkeiten, ihre herzliche Menschlichkeit, mit der sie ihre Gäste in ihrem zweiten Lebensabschnitt fast 25 Jahre lang beraten hat.

Diese Grand Dame der Wahrsagekunst hat es, trotz des in der Nazizeit erlittenen Unrechts an ihrem Mann und seiner Familie, geschafft, nie einer Verbitterung oder dem Gefühl von Rache nachzugeben. Sie hat nie ihre Liebe zu den Menschen verloren.

Bernd Kreuzer

Auf den nächsten vier Seiten findest du Kopier-Vorlagen.
Bitte fotokopieren und eigene oder fremde Linien eintragen.

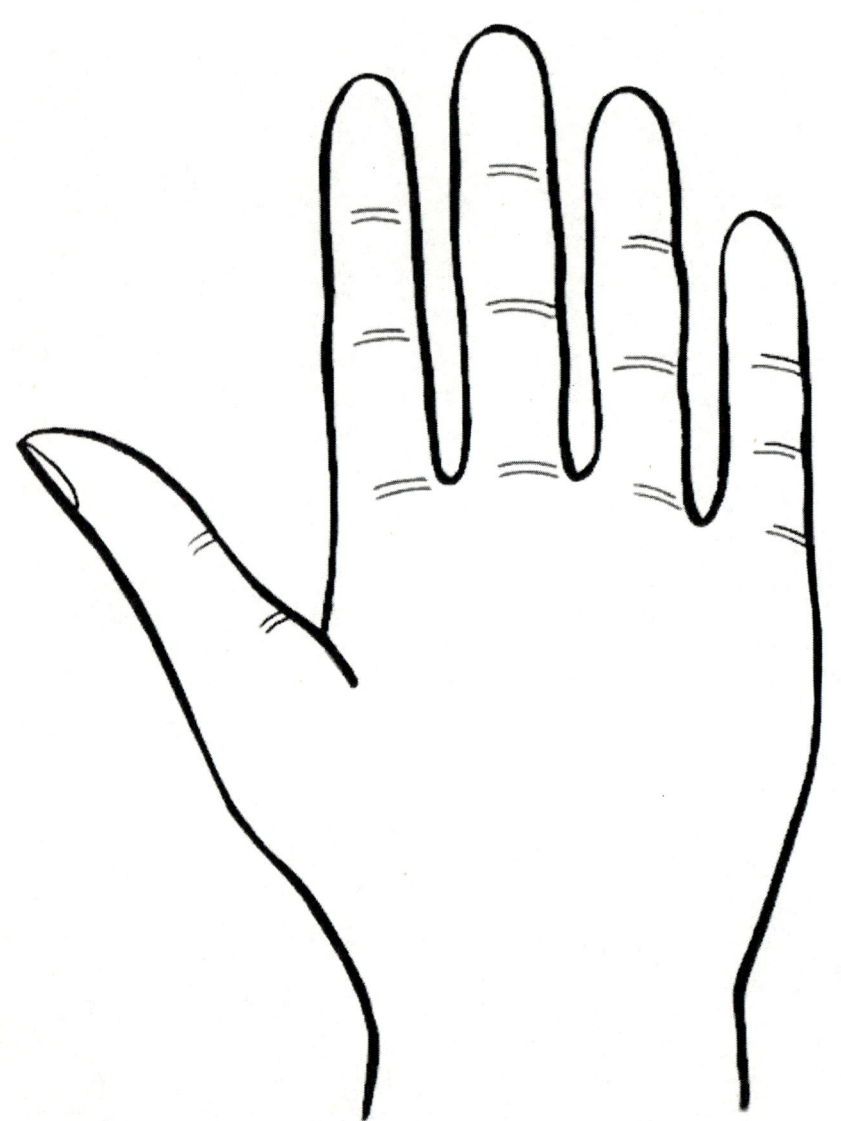

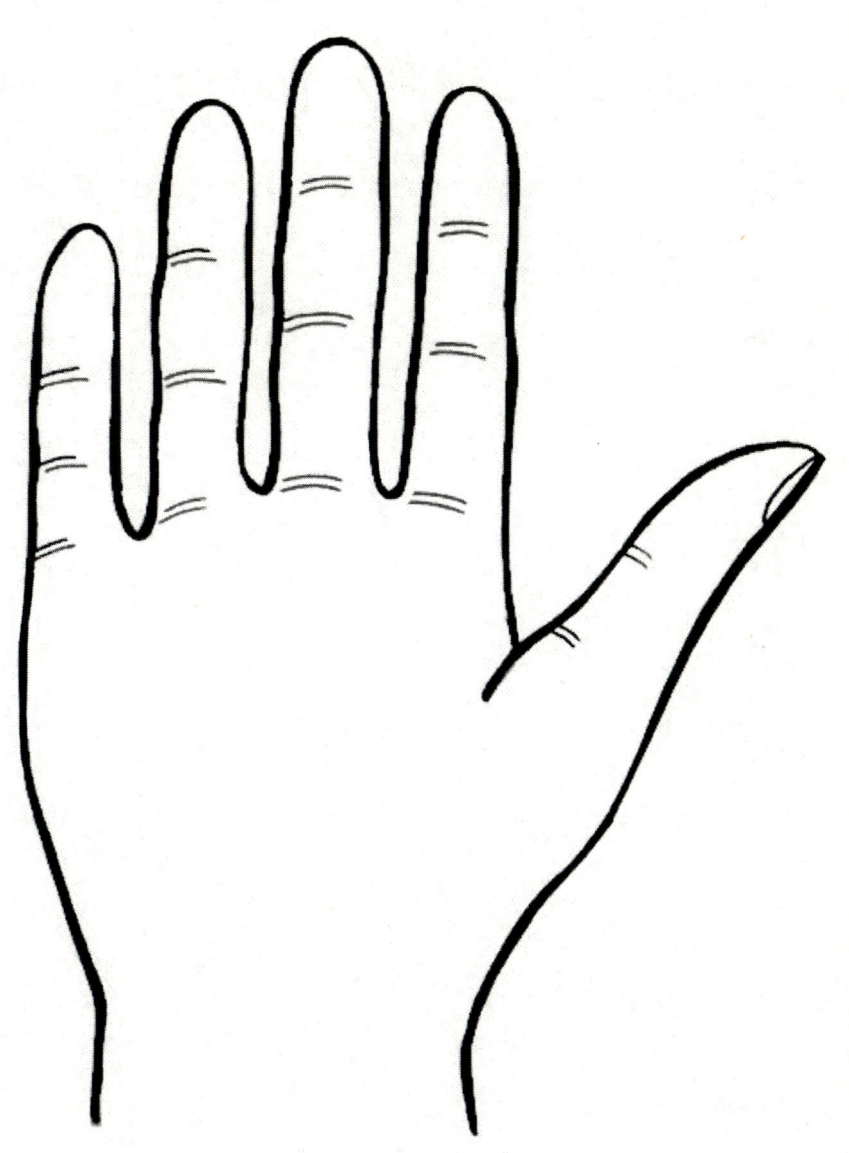

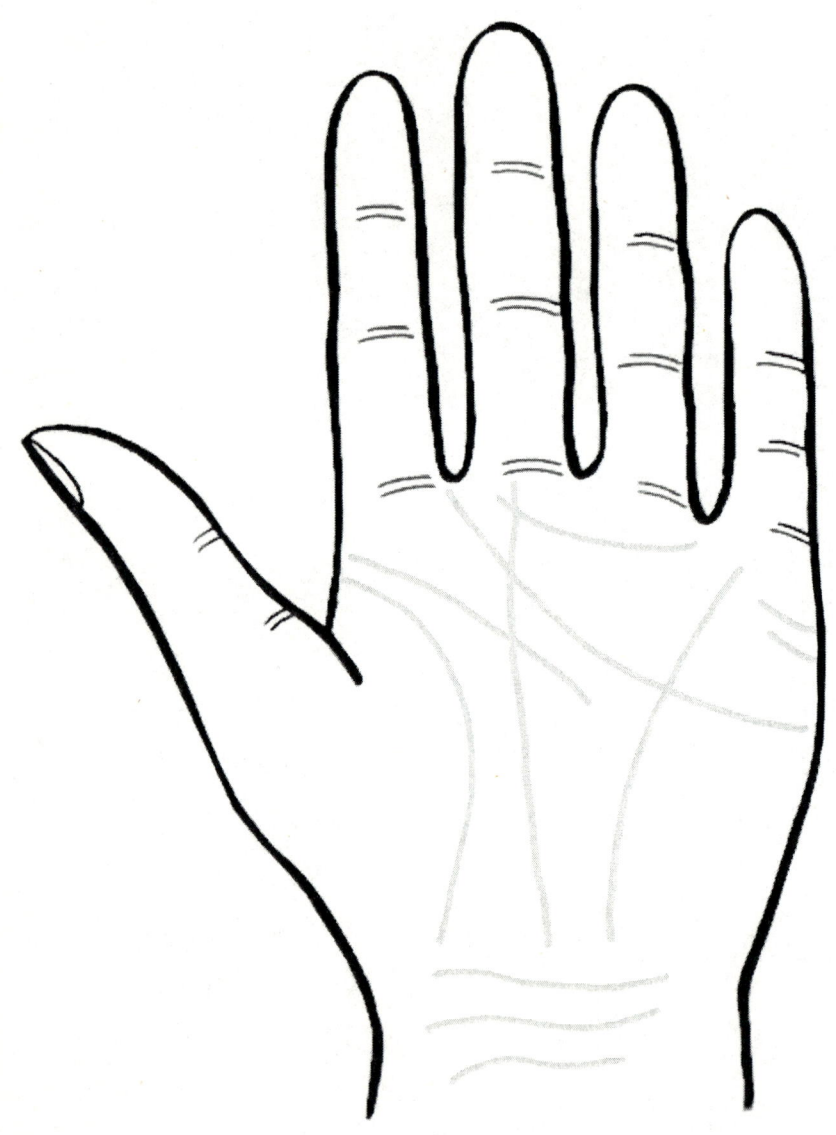

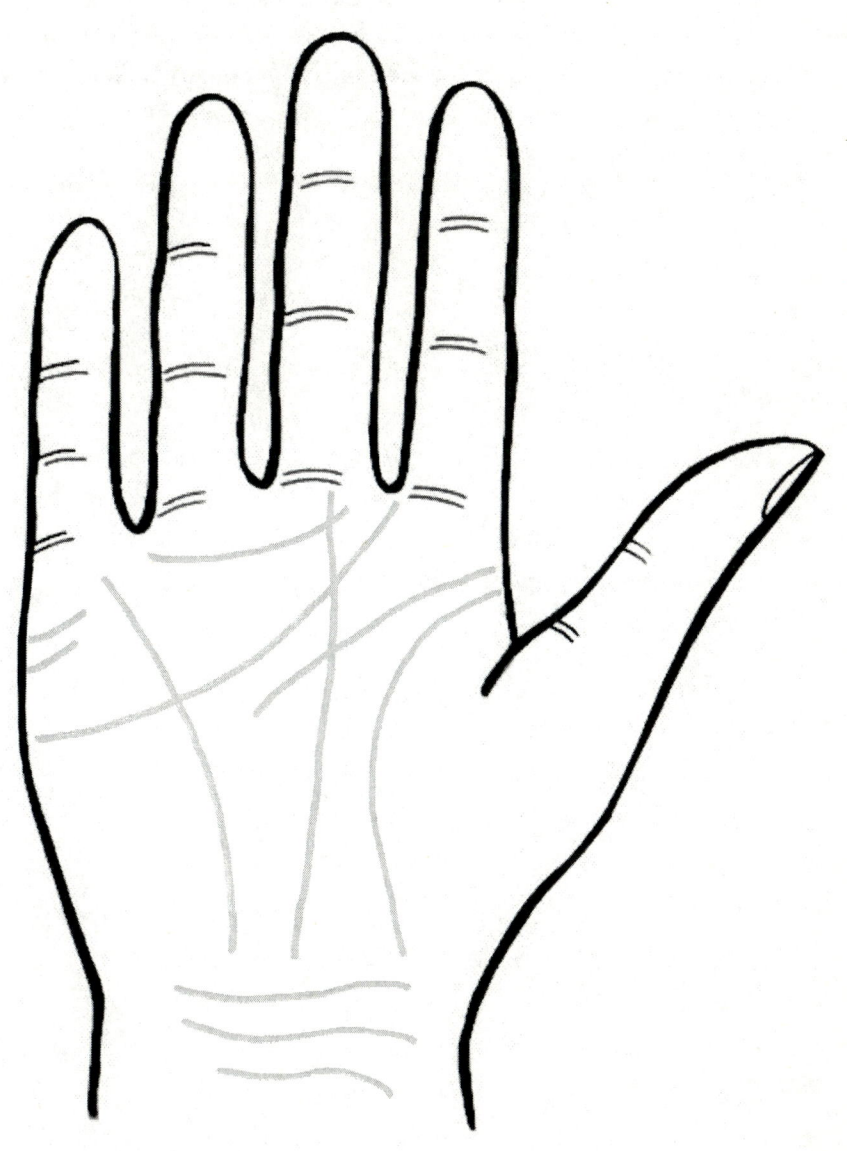

Sollten Sie, lieber Leser,

nach der Lektüre dieses Buches Interesse haben, den Autor als Menschen, Künstler und sensitiven Lebensberater selber kennenzulernen, dann schreiben Sie mir bitte eine Mail, rufen mich vielleicht an oder schauen mal unverbindlich in meine Webseiten hinein.

Ihr kontaktfreudiger
Bernd G. Kreuzer/Ashlati El Fantadu
Handy: 0179 - 534 80 18
el-fantadu@t-online.de

Webseite für Privatkunden:
www.el-fantadu.de

Webseite für den Veranstalter:
www.el-fantadu.com

Webseite meiner privaten Fotogalerie:
www.fan-fotos.net

Erstellen von individuellen Webseiten:
www.Zodiak-Webdesign.de

WEITERE BÜCHER BEI NEUE ERDE

Mit diesem umfassenden Handbuch haben Sie die Möglichkeit, über Geburts-
datum und Namen eines Menschen ein vielschichtiges Charakterbild zu
bekommen: Wie ein Mensch nach außen wirkt, was ihn im Herzen bewegt,
welches sein Schicksalsweg ist, was sein Lebensziel ist und wo seine Stärken
und Schwächen liegen. Wohl noch in keinem Numerologiebuch wurde dieses
Deutungssystem so profunde und schlüssig dargestellt. Man spürt in jeder
Zeile die jahrelange praktische Erfahrung mit persönlichen Beratungen und
Ausbildungen. Mit diesem Buch möchten die Autorinnen der Leserin/dem
Leser helfen, seinen Lebensweg zu finden, sich selbst zu erkennen und da-
durch zu heilen.

Editha Wüst, Sabine Schieferle
Das große Handbuch der Numerologie
Mit den Zahlen sich selbst erkennen
Klappenbroschur, 240 Seiten,
mit vielen Übersichten und Tabellen
ISBN 978-3-89060-559-3

Das praktische Pendelset für Einsteiger enthält eine Auswahl der wichtigsten
Tafeln aus dem Erfolgstitel Das Große Pendelbuch von Petra Sonnenberg,
hier zusammen mit einem ca. 12g schweren Messingpendel als komplettes
Pendelset für daheim und unterwegs.

Das Buch bietet eine praktische Einführung in das Pendeln und darüber
hinaus zehn ausgesuchte Pendeltafeln, zusätzlich auch zwei Blanko-Tafeln zur
persönlichen Weiterverwendung.

Das ideale Einsteiger-Set für jeden, der die Arbeit mit dem Pendel erlernen
will. Ideal als Reise-Set oder Geschenk für Pendel-Freunde und alle, die sich
mit Pendel-Arbeit beschäftigen.

Petra Sonnenberg
Das praktische Pendelset für Einsteiger
Mit Messingpendel und Pendeltafeln
Set, Paperback, 64 Seiten, ein Messingpendel
ISBN 978-3-89060-514-2